Johanna Domek

Benediktinische Frauen
bewegen die Welt

Johanna Domek

Benediktinische Frauen bewegen die Welt

24 Lebensbilder

Vier-Türme-Verlag

Bibliographische Information der Deutschen Bibliothek
Die Deutsche Bibliothek verzeichnet diese Publikation in der Deutschen
Nationalbibliographie. Detaillierte bibliographische Daten sind im Internet
über http://dnb.ddb.de abrufbar.

1. Auflage 2009
© Vier-Türme GmbH, Verlag, Münsterschwarzach 2009
Alle Rechte vorbehalten

Lektorat: Dr. Thomas H. Böhm
Umschlaggestaltung: Elisabeth Petersen, München
Umschlagmotiv: Andreas Riedmiller / Caro
(Benediktinerinnen im Kloster Maria-Rickenbach)
Gesamtherstellung: Friedrich Pustet KG, Regensburg
ISBN 978-3-89680-434-1

www.vier-tuerme-verlag.de

INHALT

Einführung

Ich will mich selbst nicht zu wichtig nehmen, dazu besteht kein Anlass. Ich will auch die Schwesterngemeinschaft in unserem Kloster in Köln-Raderberg nicht zu wichtig nehmen. Unter den etwa eine Million Menschen in unserer Stadt sind wir nur 27 Frauen. Und unter den vielerlei Stimmen, die es in einer Großstadt jeden Augenblick gibt, sind wir nur eine. Unser Lied, in dem wir jeden Tag fünfmal in der Feier der Liturgie die alten Psalmen der Bibel miteinander singen, ist nicht lautstark.

Allerdings ist es eine verlässliche Stimme: Hier in unserem Kloster wird seit über 110 Jahren gesungen, es werden mehrmals täglich Gottes Heilswort und Verheißung und jahrtausendealte Gebete der Menschen zur Sprache gebracht – durch alle Wetter und Jahreszeiten hindurch, unabhängig von politischen oder wirtschaftlichen Gipfelstürmen oder Talfahrten oder von irgendeiner Regierungsform. Ob die Stadt dieses Lied bewusst wahrnimmt, mag man bezweifeln, aber die Lieder sind doch in ihrem Ohr. Und weil es gute Lieder sind, werden sie ihr irgendwie guttun und Gottes Wort in ihr präsent halten.

Es ist gut für die Stadt, dass Schwestern in ihr wohnen, die zu Gott und den Menschen gehören. Schwestern sind gesuchte Partnerinnen und Zuhörerinnen, sie können helfen und stützen. Ich meine sogar, heute zunehmend und mehr denn je. Die Gründe sind vielfältig – wie immer. Dazu gehört, dass es hierzulande real viel weniger Schwestern gibt als noch vor 50

Jahren. Dazu gehört, dass die Menschen hierzulande überhaupt weniger leibliche Brüder und Schwestern haben als jemals zuvor, und man deshalb oft andere Schwestern und Brüder sucht. Aufgrund der Vorläufigkeit und Brüchigkeit vieler anderer Beziehungen scheint es heute besonders wichtig, eine verlässliche Beziehung zu suchen. Ich glaube, ein Teil der Anziehungskraft eines Klosters wie des unseren besteht darin, dass die Schwestern verlässlich da sind.

Dabei werden Schwestern vielleicht noch mehr gesucht als Brüder. Nichts gegen Brüder. Aber das Heilswort, das Zeugnis der Spiritualität, in den Stimmlagen der Frauen scheint in unserer Zeit so gebraucht zu werden. Tatsächlich ist die Nachfrage nach »Schwestern« größer, als wir sie durch unsere Existenz in der Stadt decken können. Das ist schade. Aber wenn es so ist, muss es eine andere hilfreiche Möglichkeit geben, Frauen als Gegenüber und Gesprächspartnerinnen anzubieten.

Mir kam der Gedanke, dem Wunsch des Verlags nach einem Buch über benediktinische Frauen nachzukommen, um den Lesern, aus dem Reichtum vieler Jahrhunderte benediktinischen Frauenlebens schöpfend, Schwestern an die Hand zu geben, mit denen sie vielleicht eine innere Beziehung aufnehmen können. Aus eigener Erfahrung weiß ich, dass auch Menschen früherer Zeiten mich wirklich durch meine Gegenwart und meine Lebensthemen ein gutes Stück begleiten und inspirieren können.

Es geht mir dabei nicht zuerst um geschichtliche Daten, die natürlich zu jedem Leben dazugehören. Es geht hier auch nicht um eine umfassende Würdigung historisch bedeutender Personen, obwohl man beim Lesen dieses Buches manchen Frauen dieser Art begegnen kann. Es geht mir zuerst und vor allem um die Chance zu einer Auseinandersetzung, um 24 Angebote zur Begegnung. Begegnung mit Frauen aus verschiedenen Jahrhunderten, beginnend beim 5. Jahrhundert bis in unsere jüngste Vergangenheit. Sie alle waren Benediktinerinnen oder Zisterzienserinnen, Frauen, die in der ganzheitlichen Lebensschule des Benedikt von Nursia und unter der Führung des Evangeliums Jesu Christi ihren Weg suchten, in einer Gemeinschaft lebten und beteten, eine Sendung annahmen und einen Dienst am Ganzen und an den Menschen taten.

Und wenn, besonders aus dem 20. Jahrhundert, die beschriebenen Schwestern nicht nur in Europa, sondern auch in Australien, Korea, Brasilien und den USA lebten, zeigt das die lebendige Weltweite, in der die benediktinischen Frauen sich bewegen und wirken. Ich habe als Vertreterin der deutschsprachigen Benediktinerinnen in der CIB – der Communio Internationalis Benedictinarum, wie das internationale Netzwerk der Benediktinerinnen seit 2001 genannt wird – einige Jahre der Zusammenarbeit konkret miterlebt. Von daher weiß ich, wie viel an weltnahem, ortsverbundenem, ganz eigenständigem und verschiedenem Engagement vor Ort geschieht, das sich gleichzeitig im internationalen Netz gehalten weiß und sich darin mit den anderen austauscht. Wie viel Welt wird da gläubig und konkret bewegt! Die Erfahrung dieser weltweiten Lebendigkeit hat mein eigenes Herz viel weiter und mutiger gemacht.

Ja, mir als Benediktinerin im 21. Jahrhundert ist es ein Geschenk, dass all diese Frauen, mit denen ich zusammenarbeiten durfte und die mir über die Geschichte hinweg Vorbilder sind, meine Schwestern sind. Und wenn Sie wollen, will ich dieses Geschenk gern mit Ihnen teilen.

Spuren einer Schwester
Scholastika (5./6. Jahrhundert)

Immer ist das, was wir voneinander wissen, fragmentarisch. Selbst dort, wo wir meinen, einander gut zu kennen, ist das so. In jeder Beziehung bleibt das so, auch wenn uns das bei allem Kennen und gewohnten Miteinander-Umgehen wenig präsent sein mag. Immer gibt es so viel, was wir nicht voneinander wissen und niemals gesehen, gehört oder gefühlt haben. Alle Beziehungen sind mit Kennen wie Nichtkennen durchzogen, ob wir dies wahrnehmen oder nicht. Das mindert nicht die Wichtigkeit dieser Beziehungen. Im Gegenteil tut es gut, wenn wir neben dem Wissen das Bewusstsein des Nichtwissens nicht ausblenden. Dies schafft eine eigene Offenheit für die Wirklichkeit, in der wir uns bewegen.

Was die heilige Scholastika angeht, können wir uns nicht vormachen, wir hätten den Überblick über ihr Leben. Unübersehbar groß ist das Feld unseres Nichtwissens. Was wir von ihr sehen können, ist wenig. Und dennoch reicht das wenige, Beziehung aufzubauen und sich inspirieren zu lassen. Ende des 6. Jahrhunderts schreibt Papst Gregor der Große die vier Bücher der *Dialoge*, in denen er den Menschen seiner Zeit aufzeigen will, wie nicht nur die biblische Zeit, sondern auch das Italien seiner damaligen Gegenwart ihre Heiligen und Vorbilder hat. Das zweite dieser vier Bücher widmet er ganz dem Leben des

Benedikt von Nursia (480–547). Und in diesem Werk finden sich in zwei Kapiteln die einzigen Spuren, die uns auf das Leben Scholastikas aufmerksam machen.

Das eine Kapitel erzählt von einem in mehrerer Hinsicht bemerkenswerten Wunder der Liebe.[1] Es heißt, dass Scholastika, die *schon von Kindheit an dem allmächtigen Gott geweiht war,* einmal im Jahr ihren Bruder Benedikt besucht. Man trifft sich in einem Haus, das in der Nähe liegt und dem Kloster gehört. Gregor schreibt: *Sie verbrachten den ganzen Tag im Lobpreis Gottes und in heiliger Zwiesprache.* Am Abend will Benedikt wie immer ins Kloster zurückkehren. Scholastika bittet ihn aber zu bleiben, damit sie die Nacht hindurch weiterreden können. Benedikt steht für die Autorität der Ordnung und die von ihm verfasste Regel und weist diese Bitte weit von sich. Da bittet Scholastika Gott, betet unter Tränen – irgendetwas muss ihr sehr wichtig gewesen sein. Und aus heiterem Himmel bricht ein so schweres Gewitter los, dass Benedikt und seinen mitgekommenen Brüdern unter diesen Wolkenbrüchen keine Chance bleibt, zum Kloster zurückzukehren.

Scholastikas Bruder Benedikt klagt: *Der allmächtige Gott sei dir gnädig, Schwester, was hast du getan?* Da antwortet sie ihm: *Schau, ich habe dich gebeten, und du hast nicht auf mich hören wollen, da habe ich meinen Herrn gebeten, und er hat mich erhört. Geh also nur, wenn du kannst, verlasse mich und kehre zu deinem Kloster zurück.* Aber er kann nicht. Und weil er ein Mann ist, der nicht trotzt, sprechen Bruder und Schwester die ganze Nacht hindurch weiter. Und Papst Gregor der Große kommentiert die Geschichte so: *Es ist nicht verwunderlich, dass die Frau zu jenem Zeitpunkt mehr vermochte. Denn da nach dem Wort des Johannes*

Gott Liebe ist (1 Joh 4,8), vermochte nach dem Ratschluss Gottes jene mehr, welche mehr liebte. Die Liebe vermag mehr und reicht weiter als die beste Ordnung. Die Liebe setzt die Regel nicht grundsätzlich außer Kraft, denn Lebensordnung ist wichtig, aber manchmal überholt die Liebe die Lebensordnung.

Diese Begebenheit mit Scholastika und Benedikt ist eine menschlich wie spirituell faszinierende Geschichte.[2] In der dort geschilderten Beziehung hat sowohl das verlässlich Regelmäßige wie auch das Überraschende seinen Raum – beides gemeinsam hält lebendig. Dort gibt es Einklang und gemeinsamen Lobpreis, aber auch den deutlichen Widerspruch. Und wie wunderbar ist es, einen Menschen zu kennen, mit dem man einen Tag und eine Nacht lang sprechen kann, ohne dass dabei der Stoff ausgeht und die Freude erschlafft. Ich hätte gern gehört, mit welchen Betonungen Scholastika die Ordensregel ihres Bruders las, die ich für so gut und hilfreich halte und nach der wir in unserem Kloster heute noch leben. Frauen und Männer sagen die gleiche Wahrheit, doch in sehr unterschiedlicher Tonart und Weise. Beide Tonarten und Weisen können so schön sein, und beide sind nötig und unverzichtbar.

Ein wichtiger Aspekt, wer Scholastika war, wird sichtbar, wenn man die drei Frauengestalten nebeneinandersetzt, die nach den Erzählungen der *Dialoge* Benedikt in seinem Leben persönlich nahegekommen sind. Das sind die sorgende Amme, die verführerische Traumfrau und Scholastika, die Schwester. Ammen sind mit ihrer Sorge für Leib und Leben gut für Kinder. Aber wenn sie zu lange bleiben und sorgen, wie es bei Benedikt war, und das längst groß gewordene Kind bewundern, muss der Mensch von sich aus die Ammenzeit wirklich hinter sich lassen. Wenn sich die Ammen nicht von selbst zurückziehen, muss man weggehen. Benedikt verlässt seine Amme und macht sich auf den Weg nach Subiaco, wo er drei Jahre allein in einer Höhle lebt.

Dort begegnet er seiner Traumfrau wieder, einem inneren Erinnerungsbild seiner Seele, das alle seine Sinne zu entflammen weiß. Das Verlangen – es ist sein Verlangen, nicht die Frau selbst – droht ihn zu verbrennen. Es will ihn vom Weg wegreißen, den er für sich gewählt hat. Er ist nun nahe dran, aufzugeben. Aber Benedikt ringt sich durch den Schmerz und die Versuchung hindurch und läuft der verführerischen Traumfrau, dieser Fata Morgana von Liebe und Vereinigung, nicht nach.

Die dritte Frauengestalt, die Benedikt nahekommt, ist die Schwester, von klein auf dabei, gewachsen und nun Frau und auf eigenen Wegen reif geworden. Immer wieder begegnet sie ihm, begegnet er ihr. Sie teilen das Gebet und das Gespräch und die Lust am Miteinander. Sie gehören zueinander, ohne sich miteinander zu identifizieren, sind sich nahe und können sich doch lassen. Sie lassen sich die meiste Zeit und bleiben sich dabei still und treu verbunden – das gehört in solcher Beziehungsfülle weise zusammen. Schwester und Bruder sind Menschen auf der gleichen Ebene, auf gleicher Augenhöhe, ohne die gleichen Menschen zu sein oder das Gleiche zu sehen, wenn sie sich ansehen. Sie sprechen im tiefen Sinn die gleiche Muttersprache. Sie erziehen und sie ergänzen sich – auch als Mann und Frau. Wie stark und tief diese Verbundenheit bei allem Gehenlassen und bei aller Eigenständigkeit der Beteiligten geht, zeigt ein weiteres Bild Scholastikas im Buch der *Dialoge*. Kurz nach der erzählten Begegnung steht Benedikt in seiner Mönchszelle und spürt, *wie die Seele seiner Schwester in Gestalt einer Taube in die geheimnis-volle Welt des Himmels entschwebte.* Scholastika lässt ihn ihren Tod wahrnehmen, und er ist dazu fähig. Wie sehr sie sich im Leben auch ihre eigenen Wege gehen ließen, so sehr wünscht er sich, der Mönch, der die Regeln und Einsamkeiten des Mönch-seins so hoch schätzte, mit ihr, seiner Schwester, zusammen be-graben zu werden. Und es heißt, Benedikt ließ *ihren Leichnam ins Kloster bringen und in das Grab legen, das er für sich selbst vorbereitet hatte.*

Diese Scholastika-Bilder in ihren sparsam gezeichneten Linien sind inspirierend für mein Schwestersein und -werden. Sie sind stark und wichtig wie die Grundlinien eines Koordina-tensystems, in dem alle übrigen möglichen Punkte dieses Feldes ihr gutes Maß finden können. Sie sind wirklich ein Geschenk. Einmal pilgerten wir während einer internationalen Tagung in Rom mit einer Gruppe von gut 20 Benediktinerinnen aus allen Kontinenten nach Nursia, in jene Landschaft, in der Benedikt und Scholastika aufwuchsen. Wir haben die Landschaft und die kleine Stadt genossen, die Messe gefeiert und manches mitein-ander angeschaut. Schließlich fuhren wir in die etwas außerhalb gelegene Kirche Sta. Scholastica, wo der Überlieferung nach Scholastika ein klösterliches Leben geführt haben soll. Die Kir-che ist heruntergekommen, sie scheint kaum noch brauchbar, sie hat keinen Altar und keinen Tabernakel mehr. Die schönen mittelalterlichen Fresken an den Wänden, zum Teil von auch schon verfallenden vorgesetzten barocken Bögen verbaut, sind schadhaft. Hier und da liegen kleine Schutthaufen.

Dort auf diesem »Scholastika-Grund« sind wir still im Kreis gestanden und haben in einer Liturgie unsere Profess, das Versprechen, die Lebenshingabe erneuert – jede in ihrer Sprache und im gemeinsam gesungenen »Suscipe«, dem alten Professgesang. In diesem Augenblick lag dann in unverhüllter Schönheit offen, was wir leben können und in der Weite der Kulturen miteinander teilen dürfen. Wir konnten erfahren und erkennen, was über alles mögliche Tun und Versuchen hinausgeht und die Kategorien des Gelingens und Misslingens weit hinter sich lässt: dass wir als Benediktinerinnen, als Schülerinnen des heiligen Benedikt und spätere Schwestern der heiligen Scholastika in der Realität von Welt und Kirche stehen und die Hingabe singen.

Der heilige Franz von Assisi hatte Gottes Auftrag gehört, eine verfallene Kirche wiederaufzubauen, und er hat sich mit seinen Händen ans Werk gemacht. Unser kostbarster Dienst als Benediktinerinnen ist es vielleicht, einfach dazustehen und in Kirche und Welt das Lied nicht verstummen zu lassen, das die Hingabe Gottes und die Hingabe des Menschen aufklingen lässt.

Kompetenz üben, ausüben und einbringen
Hilda von Whitby (614–680)

Mein Wörterbuch sagt, Kompetenz sei eine *Fähigkeit, Verständigkeit, Sachkenntnis* und in manchen, zum Beispiel rechtlichen Bereichen eine *Zuständigkeit.* In Hilda von Whitby steht in diesem Sinne eine hochkompetente Frau aus dem 7. Jahrhundert vor uns. – Wenn man fragt, wie denn ein Mensch Kompetenz gewinnen oder erwerben kann, wird deutlich, dass Naturell allein niemals genügt. Mit der Kompetenz ist es wie mit so vielen Fähigkeiten und natürlichen Begabungen, sie sind dem Menschen nicht als »Fertigpackung« ins Lebensgepäck gelegt, höchstens als Potenzial sind sie da. Man muss selbst mittun und sich einlassen, sich mit dem ganzen Potenzial auf die ganze Realität des eigenen Lebens einlassen, um eine Fähigkeit freizusetzen und wirklich zu erwerben. Dieses Mittun ist kein schneller Coup, geschieht nicht »im Handumdrehen«.

Heute kann man leicht alle möglichen Nahrungsmittel als Instantkost kaufen ... und mit ein bisschen Umrühren ist alles fertig. Aber um Kompetenz zu gewinnen, braucht man Zeit. Kompetent-Werden ist kein Glückspiel, sondern eher ein Geduldspiel. Jeder gewonnenen Kompetenz geht viel stilles Üben voraus. Das war zu keiner Zeit anders.

Hilda von Whitby war eine bemerkenswerte Frau mit außerordentlichen Führungskompetenzen und dabei tiefgläubig, mütterlich und mächtig. Von ihrem Leben wissen wir aus zwei Kapiteln der Historia ecclesiastica gentis Anglorum, der Kirchengeschichte des Englischen Volkes des Beda Venerabiles (673–735), die eines der bedeutendsten Werke der abendländischen Geschichtsschreibung ist. Mag sich, wie wir noch sehen werden, das Leben der Hilda von Whitby in seiner Weise und seiner Wirkung in vielem vom heutigen Leben und von meinem Leben unterscheiden, so sind wir doch Schwestern. Ja, wenn ich in ihr Leben wie in einen Spiegel schaue, kann mir manches im Blick auf die gegenwärtigen Entwicklungen wie auch auf meine eigenen Bewegungen deutlicher werden.

Hilda wird im Jahr 614 als Großnichte des Königs Edwin von Nordhumbrien geboren. Ihren Vater lernt sie kaum kennen, weil er im Exil durch Gift ums Leben kommt. Mit Mutter und Schwester lebt sie zunächst am Hof König Edwins. Als Edwin Ostern 627 durch Bischof Paulinus die Taufe empfängt, wird auch Hilda getauft. Damals ist sie 13 Jahre alt.

Sechs Jahre später kommt es zur Verfolgung durch die Bretonen. Edwin fällt 633 in einer Schlacht. Viele aus ihrem Umfeld bringen sich in Kent in Sicherheit. Die 19-jährige Hilda aber entscheidet sich zu bleiben und will eher das Martyrium auf sich nehmen. Später lebt Hilda vermutlich am Hof des Königs von Nordanglien bei ihrer Schwester Hereswith, die einen Bruder des Königs heiratet. Später will Hilda auswandern und in Frankreich Nonne werden. Um diese Zeit gibt es in England noch kaum Frauenklöster. Auf Bitten des Bischofs Aidan bleibt sie aber in Ostanglien und beginnt 648 mit einigen Gefährtinnen auf einem Stück Land, das er ihr schenkt, ein Gemeinschaftsleben. Damals ist Hilda 33 Jahre alt und hat die Mitte ihrer Lebenszeit erreicht.

649 wird Hilda zur Äbtissin des Klosters Hartlepool ernannt. In den Jahren dort *geht Hilda in die Schule des Mönchtums. Sie wird »discipula vitae regularis«, wie Beda sich ausdrückt, ehe sie »magistra«, Meisterin sein kann.*[3]

Im Jahr 657 gründet sie dann das Doppelkloster Streaneshalch in Yorkshire, später Whitby genannt, das ihr Lebenswerk werden soll. Dort leben in je eigenen Häusern Mönche und Nonnen, die gemeinsam der Äbtissin unterstehen. Hilda legt besonderes Gewicht auf Bildung für alle. Geistliche und weltliche Bildung sind damals noch ungetrennt, das Studium bezog sich auf die Heilige Schrift, Grammatik, Poesie, Astronomie, Arithmetik und Kirchenmusik. Fünf Mönche der Abtei werden zu Lebzeiten Hildas zu Bischöfen ernannt. König Oswins Tochter erhält in Whitby ihre Erziehung und wird später Hildas Nachfolgerin. Aber sie nimmt auch den Stallknecht Cadmon als Mönch auf, der aufgrund seiner Poesie berühmt wird: Er verfasst nach Motiven der Genesis und des Evangeliums als Erster Gedichte in der Landessprache. Unter Hildas mütterlicher, starker Leitung wird Whitby ein Zentrum des geistlichen Lebens und Lernens. Menschen aus allen Ständen suchen bei ihr Rat – auch Bischöfe, Fürsten und Könige sind darunter. Hilda hilft vielen, zu lernen und klarer zu sehen, sich zu bilden und zu entfalten. Ohne je Kinder zu gebären, wird sie vielen Menschen Mutter, sodass ihr diese Bezeichnung als Titel zugesprochen wird.

Hilda ist eine leidenschaftliche Lehrerin, wie sie überhaupt ein leidenschaftlicher Mensch ist, eine lebendige, temperamentvolle Frau, stark und urwüchsig in einem. Was zu den echten menschlichen Qualitäten eines leuchtenden, reifen Gehorsams gehört, besitzt sie in reichem Maß: einen eigenen, starken Willen und die Fähigkeit, ihn ins große Ganze einzuordnen.

Bereits Ende des 3. Jahrhunderts war das Christentum nach Irland und England gekommen, und es hatte sich dort eine irisch-keltische Tradition entwickelt. Die von Papst Gregor (540–604) nach England ausgesandten Missionare bringen nun eine andere, römisch orientierte Tradition ins Land. Beide unterscheiden sich nicht in der Lehre, wohl aber in kirchlichen und klösterlichen Gebräuchen. König Oswin von Nordhumbrien will, dass die Christen in seinem Gebiet sich auf eine der beiden Linien verständigen. Deshalb ruft er zur ersten Synode im Land, die im Jahr 664 in Whitby stattfindet. Hilda gehört zu denen, die das irisch-keltische Erbe deutlich favorisieren, aber die Synode entscheidet sich schließlich für die römische Tradition. Hilda setzt sich daraufhin mit ihren Möglichkeiten für einen friedlichen Übergang ein. Sie führt auch in ihrem Kloster mit der ihr eigenen Kompetenz die römische Liturgie und die Benediktsregel ein. Was in der Regel Benedikts über das Gotteslob als Grundton des Lebens, die Gütergemeinschaft, die Autorität des Abtes oder die Formung einer menschlichen Kultur und Gemeinschaft geschrieben ist, entspricht ihrem Wesen und Herzen, aus dem heraus sie für die ihr Anvertrauten so sehr Mutter und Lehrerin ist.

Die letzten sechs Jahre ihres Lebens leidet Hilda unter häufigen Fieberanfällen. Trotz zunehmender Schwäche bleibt sie im Amt und sorgt sich weiterhin um mehr als sich selbst. Noch im letzten Lebensjahr gründet sie das Kloster Hackness in der Nähe von Whitby. Die Legende weiß, dass man, als sie nach dem Empfang der Kommunion als Wegzehrung stirbt, die Glocken von Hackness läuten hört, und die Nonne Begu sieht, wie Hilda von Engeln begleitet in den Himmel geht.

Nach Hildas Tod liegt die Geschichte von Whitby lange weitgehend im Dunkeln. Zwei Jahrhunderte später im Jahr 867 wird die Abtei bei einem Däneneinfall zerstört. Im 11. Jahrhundert wird das Kloster neu gegründet. Die heute noch sichtbaren beeindruckenden Ruinen stammen größtenteils aus dem 13. und 14. Jahrhundert. Diese Ruinen sind Reste, die man mit Ehrfurcht anschauen kann, doch sie bedeuten keine Inspiration. Inspiration geschieht auf ganz andere Weise.

Ende des 19. Jahrhunderts erwacht das Interesse an Hilda von Whitby neu. Im Zuge eines neuen Sinns für die Bildung von Frauen wird Hilda, diese hervorragende Lehrerin ihrer Zeit, 13 Jahrhunderte nach ihrem Tod zur Patronin vieler Schulen in den verschiedenen christlichen Konfessionen in England, den USA, in Kanada, Australien und Singapur. Sie wird so auch zu einer Patronin, die kraftvolle Lebensbejahung, Mut zur Entwicklung und eine engagierte weibliche Kompetenz ausstrahlt. In ihrem Licht kann das Leben christlich wachsen, egal, in welche Geografie und in welche Zeit es eingepflanzt ist, egal, welches Klima es herausfordert und welche Wetterlagen es zu bestehen hat.

Die Sprache der Zeichen – Attribute der Heiligen
Gertrud von Nivelles (626–659)

Das erste Mal bin ich Gertrud von Nivelles vor zwölf Jahren auf einer Postkarte begegnet. Auf der dort abgebildeten zeitgenössischen Ikone von Angela Heuser[4] steht sie als freundliche Nonne mit Umhängekreuz und Äbtissinnenstab, und um sie herum gruppieren sich etliche Katzen. Mir gefiel das. Ich sehe auch sonst gerne Menschen mit Tieren in der Nähe, und ich freue mich, wenn beide Seiten womöglich gut und gern miteinander umzugehen wissen. – Wenn ich irgendwo hinkomme, versuche ich meist, eher die Sympathie der Tiere als die der Menschen zu gewinnen. Die Tiere sind immer unverstellt und ehrlich.

Mit Blick auf diese Karte fand ich die heilige Gertrud von Nivelles erstaunlich. – Zu Katzen und anderen Attributen der Heiligen später mehr. Es lohnt sich, auf diese Zeichensprache der Heilserfahrung zu schauen. Aber erst soll uns die geschichtliche Gestalt Gertruds näherkommen:

Gertrud ist die Tochter von Pippin dem Älteren (um 580–640), der unter König Dagobert dem Guten (608–639) – dem letzten wirklich regierenden und bedeutenden Merowingerkönig – der erste karolingische Hausmeier ist. Ihre Zeit ist politisch gekennzeichnet vom Ringen um Macht und Einfluss zwischen den Merowingern und den Karolingern – der fränkischen Herrscherfamilie, die die Merowinger schließlich an der Macht ablöst.

Und wenn man will, kann man sagen: Gertrud von Nivelles ist die Ur-Ur-Großtante von Karl dem Großen.

Gertrud hat eine religiös und kirchlich engagierte Familie. Gertruds Mutter, die heilige Iduberga oder Itta (592–652), stiftet das Kloster Nivelles in Brabant, im heutigen Belgien, in das Gertrud im Alter von 14 Jahren eintritt, nachdem sie eine von Dagobert empfohlene Ehe abgelehnt hat. Um das Jahr 644 wird Gertrud dort Äbtissin. Ihre Schwester, die heilige Begga, ist zuerst verheiratet und sichert so die Politik ihres Vaters familienpolitisch ab. Nach der Ermordung ihres Mannes im Jahr 679 stiftet Begga das am rechten Maasufer gelegene Kloster Andenne, wo sie bis zu ihrem Tod um 695 Äbtissin ist.

Gertrud verbindet Bildung mit Erziehung, Macht mit Fürsorge. Sie gilt als ausgezeichnete Kennerin der Heiligen Schrift und lässt aus Rom und vermutlich aus Irland, das in ihrer – kurz nach ihrem Tod geschriebenen – Vita »Übersee« genannt wird, Bücher besorgen und eine Bibliothek aufbauen. Sie pflegt enge Verbindungen zu den irischen Missionaren, die sie in ihr Kloster ruft und für die sie auch ein Hospital errichten lässt. Es scheint, dass sie bald auch die nötigen Geschäfte außerhalb des Klosters Mönchen überträgt. Vermutlich ist das irisch geprägte Nivelles, dem Gertrud vorsteht, eine Art Doppelkloster, in dem die Leitung bei der Äbtissin liegt. Gertrud ist liturgisch stark engagiert. Aus Rom lässt sie liturgische Handschriften kommen und bezieht deutlich Position für die römische Liturgie. Vom 4. Jahrhundert an hatten sich vier hauptsächliche Liturgietraditionen herausgebildet: die griechische oder antiochenische, die alexandrinische, die römische und die gallikanische. Im heutigen Frankreich war der Weg unter Einbeziehung vieler vorhandener

Vorstellungen unter den Merowingern von der germanischen zur christlichen Religion gegangen, und es hatte sich die gallikanische Liturgie entwickelt. Im Konflikt zwischen den Merowingern und den Karolingern setzt sich Pippin der Ältere, Gertruds Vater, nun unter dem gewollten Einfluss der angelsächsischen Missionare, für eine im Unterschied zu den Merowingern auf Rom ausgerichtete Kirchenreform ein, in der die Liturgie ein wesentlicher Teil ist. Er bemüht sich erfolgreich darum, dass die gallikanische Liturgie durch die römische abgelöst wird. Gertrud vertritt diese Linie. Sie setzt sich auch dafür ein, dass Mädchen Zugang zu Bildung und Erziehung erhalten und neben Handarbeiten auch lesen lernen, um die Heilige Schrift selbst lesen zu können. Die heilige Gundula von Brüssel beispielsweise, die belgische Nationalheilige, wird im Kloster Nivelles erzogen.

Wenn Gertrud deutlich in der Liebe und Erinnerung des einfachen Volkes weiterlebt, hat das vermutlich aber mit ihrer ausgeprägten Sorge für die Menschen zu tun: mit ihrer Güte zu den Armen, ihrem Einsatz für Kranke, Pilger, Gefangene und Witwen. Viele Spitäler im Mittelalter tragen ihren Namen. Die Legende weiß, dass sie so sehr Anteil am Leben der Menschen nimmt, dass sie allein durch ihr Gebet eine Mäuse- und Rattenplage beendet und so die Ernte rettet. Besonders in Belgien, den Niederlanden und Deutschland wird sie verehrt. Sie ist unter anderem Patronin für Gärten und Krankenhäuser, für Arme und Reisende und für die Versöhnung. Nach ihr wird ein Getränk, das man im Mittelalter zum Abschied oder zur Versöhnung trank, »Gertrudenminne« genannt. Theodor Schnitzler schreibt über sie und ihre Verehrung: *Von St. Gertrud geht eine Woge des Vertrauens aus.*[5]

Ein intensives und auch asketisches Leben zehrt Gertrud aus. Vermutlich gibt sie im Alter von 30 Jahren – drei Jahre vor ihrem Tod – das Äbtissinnenamt an ihre Nichte Vulfetrude ab. Sie stirbt am 17. März 659. Ein im 13. Jahrhundert angefertigter kostbarer Schrein mit ihren Reliquien wird durch deutsches Bombardement im Zweiten Weltkrieg zerstört. Für den in den 1990er-Jahren neu geschaffenen Schrein werden auch einige mittelalterliche Fragmente verwendet, die die Zerstörung überstanden haben.

Die Katzen auf der eingangs erwähnten Ikone wurden Gertrud wegen der gefräßigen Mäuse zur Seite gestellt, die sie durch ihr Gebet vertrieben hat. Andere ihr beigegebene Attribute sind der Äbtissinnenstab, die Spindel oder Mäuse.

Die Wege, auf dem Symbole sich bilden, sind oft seltsam. Und doch ist es auffallend, dass fast alle Heiligen – und nicht nur sie – durch die ihnen beigegebenen Symbole erkenntlich sind. Manchmal knüpfen die Symbole an etwas Wichtiges in der Lebensgeschichte der Heiligen an. Bei Märtyrern weisen sie auch oft auf den Tod hin, den diese gestorben sind. In unserem Altarbild ist das beispielsweise der Rost in der Hand des heiligen Laurentius, auf dem er zu Tode gefoltert wurde.

Es gibt auch Symbole, die die frühe Glaubenserfahrung der Menschen ausdrücken, die bei ihnen Zuflucht gesucht haben. So hält der heilige Leonard in unserem Altarbild eine Kette, die das Vertrauen vieler unbekannter Menschen vom Land dem Einsiedler in die Hand gab als konkretes Zeichen der auf seine solidarische Fürbitte hin erfahrenen Verbundenheit und Hilfe in all den möglichen Gebundenheiten und Hilflosigkeiten des Lebens. Starke Wirklichkeit und starke Erfahrung stehen hinter jedem Attribut, das die Heiligen kenntlich macht. Es ist die Zeichensprache gläubiger Heilserfahrung oder doch immerhin großer Hoffnung, an die ich hier und da auch meine Sehnsucht nach Heil und meine wirkliche Not anknüpfen kann in einer gegenseitigen Zuwendung. Und weit über den Verstand hinaus schöpfe ich Mut.

Die Attribute der Heiligen sind wie Türen. Sie faszinieren und sie laden ein einzutreten, dem Weg und Wesen des heilig gewordenen Menschen zu begegnen. Die Katzen auf der Ikone machten mich auf die Nonne Gertrud von Nivelles aufmerksam, an der ich sonst vielleicht vorbeigegangen wäre. So aber bin ich nicht vorbeigegangen, sondern habe in Gertrud eine ältere Schwester gewonnen, die mir hilft, am Leben heute vertrauensvoll und gläubig meinen Teil mitzutun.

In allen Ständen, zu allen Zeiten –
Die Möglichkeit, heilig zu werden
Bathild (630/35–680)

Im Jahr 1964 hielt Madeleine Delbrêl (1904–1964), diese wunderbare Frau, glühende Christin und begnadete Lehrerin eines evangeliumsgemäßen, ganzheitlichen Lebens, ihren letzten Vortrag vor einem Kreis von Studenten.[6] In dessen letzten Teil sprach sie über Papst Johannes XXIII. Daran erinnerte ich mich, als ich 13 Jahrhunderte zurückblickte und auf die Gestalt und den Lebensweg der heiligen Bathild schaute. In meiner Erinnerung lautete ein Satz Delbrêls: *Man kann auch als Papst heilig werden.* Als ich nachlas, hieß es aber so: *Johannes XXIII. hat uns bewiesen, dass sogar ein Papst ein christliches Leben leben kann, mitten in unserer Welt und unserer Zeit.* Wenig vorher schrieb sie: *Er bezeugte, dass er Gott gehörte, wie jeder lebende Mensch. Unter all die von Gott geschaffenen Menschen hat auch er sich als ein Wirklicher eingereiht und uns damit zu verstehen gegeben, dass allein unser nörgelnder Wille sich der Sendung Christi entwinden kann. Dass diese Sendung aber frei ergreifbar ist, wenn ihr Träger dem gehorcht, der sie ihm anvertraut hat.*

Mit Staunen und Ehrfurcht sehe ich die Stationen auf Bathilds Lebensweg, ahne in den äußeren Räumen und Formen, die sie dabei durchwanderte, innere Räume, in denen sie reifte und heilig wurde. Als Mädchen wird sie um das Jahr 641 von den in

England eingefallenen Wikingern aus ihrer Heimat verschleppt und als Sklavin in den Dienst des neustroburgundischen Hausmeiers Erchinoald (642–657/8) verkauft. Er bringt sie zu König Chlodwig II. (634–657), der sie im Jahr 648 zu seiner Gemahlin macht. Ihr Mann stirbt bereits im Alter von 23 Jahren, wie es heißt, in geistiger Umnachtung infolge zügelloser Ausschweifungen. Drei Kindern schenkt Bathild zuvor in dieser nicht leichten Ehe das Leben: Clothar, Theuderich und Childerich. Nach Chlodwigs Tod, Bathild ist etwa 30 Jahre alt, nimmt ihr Leben wieder eine entscheidende Wende, und sie übernimmt acht Jahre lang die Regentschaft für den noch unmündigen Thronfolger Clothar. Sie gilt als kluge Frau und starke Persönlichkeit.

Bathilds Einstieg in die Politik ist engagiert, und sie hinterlässt deutliche Spuren, auch wenn sich aus der geschichtlichen Entfernung die einzelnen Verantwortlichkeiten nicht immer präzise zuordnen lassen. Neue Gesetze lindern beispielsweise das Los der Sklaven und unterbinden den damals üblichen Verkauf von Kriegsgefangenen. Bathild wendet sich gegen die Simonie, den Kauf geistlicher Ämter. Sie initiiert karitative Einrichtungen wie Hospitäler und ist eine Freundin und Förderin des irofränkischen Mönchtums. Das Mönchskloster Corbie in der Diözese Amiens und das Frauenkloster Chelles nahe Paris, in dem die Regel Benedikts maßgeblich ist, sind ihre Gründungen. Ihre Vita, die später in der Abtei Chelles aufgezeichnet wird, nennt namentlich sechs Basiliken, in denen Bathild die »Mischregel von Luxeuil« einführt. Mit Übernahme und Befolgung dieser Regeln für das Gemeinschaftsleben gewährt sie kirchliche und weltliche Privilegien, die einen Freiheitsraum gegenüber den Ortsbischöfen und Königen schaffen. Widerstände, Intrigen und Konflikte um die Macht bleiben nicht aus, obwohl die sonst übliche Reichsteilung zugunsten der drei Söhne nach dem Tod Chlodwigs II. vermieden wird. Bathild vertritt eine deutlich zentralistische Linie. Aber es gibt auch dunkle Einflussnahmen, die ihrem jüngsten Sohn Childerich schließlich die Regentschaft im merowingischen Ostreich bringen. Gegen die Könige stehen die Hausmeier, vielleicht in der Stellung mit heutigen Ministerpräsidenten vergleichbar, im Kampf um Macht und Einfluss. Nach dem Tod Erchinoalds wird im Jahr 658 Ebroin Hausmeier, der nach dem Sturz der Regentin eine beherrschende Position erringt. Er vertritt eine zentralistische Politik wie Bathild. Aber es gibt Widerstand, vor allem in Burgund und auch von Seiten der Kirche. Unruhe liegt in der Luft. Mehrere Bischöfe verlieren in diesen Auseinandersetzungen ihr Leben.

Nachdem ihre erwachsenen Söhne die Regierungsgeschäfte übernommen haben, zieht sich Bathild nach einer Intrige des Adels und wohl nicht ganz freiwillig ins Kloster Chelles zurück. Sie legt die königlichen Zeichen ab, lebt unscheinbar als einfache Nonne und ist den Armen und Kranken zu Diensten. Ihr Tag ist aufgeteilt in Gebet und Handarbeit. Es heißt, sie sei sehr gehorsam und demütig gewesen.

Bathild überlebt zwei ihrer drei Söhne. Clothar III. wird im Jahr 673 und Childerich II. im Jahr 675 ermordet, da ist sie ungefähr 45 Jahre alt. Als sie selbst zum Sterben kommt, hat sie, wie die Vita berichtet, eine Vision: Sie sieht vor der Kirche, die der Gottesmutter Maria geweiht ist, eine Leiter stehen, deren Spitze den Himmel berührt. Auf dieser sieht sich Bathild selbst, von Engeln begleitet, hinaufsteigen. Sie spürt nun, dass ihr Ende nahe ist. Aber sie will das vor Bertilla, der damaligen Äbtissin, verbergen, damit diese nicht vor Traurigkeit krank werde. Bathild stirbt im Januar 680 in der Abtei Chelles.

Das Bild von der aufgerichteten Leiter ist ein altes Bild für den Aufstieg im geistlichen Leben. Es zeigt den Weg, mit dem Heiligen immer mehr in Berührung zu kommen. Im Alten Testament findet sich dieses Bild im Buch Genesis (28,12): Dort träumt der Patriarch Jakob, auf der Flucht vor seinem Bruder Esau, eines Nachts von einer Leiter, die Himmel und Erde verbindet und auf der Engel auf- und niedersteigen. Am Morgen stellt er an diesem Ort der Erfahrung des Heiligen einen Stein zur Erinnerung auf, um ihn kenntlich zu machen. – In der Ostkirche gibt es Darstellungen der Himmelsleiter nach Johannes Klimakus († nach 600), einem Mönch am Berg Sinai. Dort steigen Menschen auf der Leiter der Tugend hinauf, aber manche stürzen wieder ab, auch wenn sie schon eine hohe Stufe erreicht haben.

Auch in der Regel Benedikts (480–547) findet sich im Kapitel *Von der Demut* das Leiterbild: *Wir müssen durch unseren Aufstieg in der Tugend jene Leiter errichten, die dem Jakob im Traum erschien und auf der er Engel herab- und heraufsteigen sah. Dieses Herab- und Heraufsteigen hat für uns ganz sicher keinen anderen Sinn, als dass man durch Erhöhung herab- und durch Erniedrigung heraufsteigt. Die aufgerichtete Leiter ist unser irdisches Leben ... Die Holme der Leiter deuten auf unseren Leib und unsere Seele. In diese Holme fügt der göttliche Gnadenruf die verschiedenen Stufen der Demut und der Tugend ein, die wir ersteigen sollen.* (RB 7,6–9)

Wir selbst sind der Ort, an dem die Leiter steht, die Himmel und Erde verbindet. Unser irdisches Leben mit Leib und

Seele und unserer ganzen Biographie kann in Berührung mit dem Himmel kommen. Kein Stein markiert den Ort und macht ihn kenntlich. Kein Land kann ihn für sich beanspruchen.

Der Kontakt zum Himmel ist mit keinem Lebensstand verbunden, sondern mit unserem Lebenswandel. Es geht darum, dem Evangelium wirklich zu glauben, ihm mit dem ganzen wirklichen Leben und in allen Umständen zu trauen und zu folgen und so heilig zu werden. Jeder und jede hat Zugang zu diesem heiligen Ort, an dem diese Leiter steht, soweit er oder sie nur will: die Sklavin, die Königin, die Nonne, der Papst ...

Also auch ich.

Blindheit und Sehkraft
Odilia (660–720)

Die Quellen sind nicht eindeutig. Es lässt sich nicht klar feststellen, ob die heilige Odilia nun Benediktinerin oder Augustinerin war. In Bildern ist sie im einen wie im anderen Gewand dargestellt. Wenn sie in dieser Sammlung benediktinischer Frauen steht, dann ist das nicht als benediktinische Vereinnahmung zu verstehen, sondern vielmehr so, dass die Nonne und Äbtissin Odilia wirklich gut in diese Reihe von Frauen passt. Mag da ruhig manches unklar und manche Frage letztlich offenbleiben.

Zweifellos belegt ist Odilias Verbundenheit mit der benediktinischen Geschichte, da sie, außer dass sie als Patronin des Elsass und der Blinden verehrt wird, seit 1887 auch Patronin der Kongregation der Missionsbenediktiner von St. Ottilien ist. Zu dieser gehören heute rund 1100 Benediktinermönche in 20 Klöstern auf vier Kontinenten. Während ich hier schreibe, treffen sich in St. Ottilien deren Vertreter zu ihrem Generalkapitel, um miteinander zu sehen und zu deuten, was sich ihnen in der Welt und in ihrer Kongregation zeigt.

Mir selbst ist die heilige Odilia zudem nahegekommen als Namenspatronin unserer Sr. Odilia, die in unserer Klosterkirche neben mir im Chorstuhl sitzt und seit vielen Jahren schon durch alle Wechselfälle des Lebens hindurch sechsmal täglich als treue Nachbarin mit mir das Stundengebet singt und betet.

Zwischen 1858 und 1882 gibt Johann E. Stadler zusammen mit anderen ein fünfbändiges Heiligenlexikon heraus. In diesem Monumentalwerk sollten auf 4693 Seiten *vollständig alle Heiligen, Seligen und Denkwürdigen der katholischen Kirche* vorgestellt werden.[7] Die Heiligen bleiben aktuell. Sechs Seiten in diesem Werk sind Odilia gewidmet.

Mag die Geschichte der Odilia im Elsass des 7. und 8. Jahrhunderts vielleicht fern und unvertraut sein, ihre menschlichen Erfahrungen und die Art, mit ihnen umzugehen, können mir auch heute nahekommen und nahegehen. Was da sichtbar wird, kann mich lehren.

Bei Odilia haben Blindsein und Sehenkönnen existenzielle Bedeutung. Eine Lebensbeschreibung aus dem 10. Jahrhundert, die auf eine ältere Vita aus dem 8. Jahrhundert zurückgeht, erzählt von ihr. Als Kind des alemannischen Herzogs Ethico und seiner Frau Bersinde kommt Odilia um 660 blind zur Welt. Der Vater hält das für eine Schande und für nicht mit der Ehre seines Hauses vereinbar. Er versucht, das Kind zu verleugnen und so die Schande zu vertuschen. Im Zorn will er das ihm unannehmbare Kind sogar töten lassen. Es heißt, er kann so wütend werden, dass ihm sein sonst klarer Verstand verloren geht und er nichts mehr klar sieht. Die Mutter rettet das Kind und bringt es zur Pflege zu einer Verwandten ins Kloster Baume-les-Dames, östlich von Besançon.

Das Alter, in dem Odilia die Taufe empfängt, ist unklar. Manche schreiben, sie sei ein Jahr alt gewesen, nach anderen Lesarten soll sie schon zwölf Jahre alt gewesen sein. Übereinstimmend wird jedoch ein Wunder bezeugt: Mit der Taufe empfängt Odilia wunderbar das Augenlicht. Sie, die durch die Erfahrung geht, sowohl blind zu sein als auch als blind abgelehnt zu werden, kann nun sehen und ist durch Gottes Gnade eine Tochter des Lichts. Ihr Bruder versucht nun zu vermitteln, arrangiert ein Wiedersehen von Vater und Tochter. Aber der Vater hält der Konfrontation nicht stand. Es heißt, er habe dann seinen Sohn erschlagen, Odilia aber habe ihn wieder zum Leben erweckt.

Es gibt in der Vita noch weitere Momente, in der der Vater sich von seiner Gewalttätigkeit fortreißen lässt. Aber mit der Zeit scheint das schwächer zu werden, vielleicht auch nur, wie manche andeuten, weil er selbst schwächer und kränker wird. Jedenfalls gelingt es ihm allmählich, seine Tochter anzuerkennen. Und sie findet im Glauben den Weg zur Versöhnung und die Kraft, ihm zu verzeihen.

Es gibt Geschichten, die zeigen, was Odilia gesehen und wahrgenommen hat. Das sind durchbetete Zuwendungsgeschichten. Sie sprechen von ihrer Zuwendung zu den Armen, zu der Amme, die sie als kleines Kind aufzog, zum Bruder, zum Vater. In ihnen wird eine Frau sichtbar, die weder an ihrem Wert noch am Wert des anderen grundsätzliche Zweifel hat, eine Frau, die hinsieht und sich tatkräftig zuwendet. Den erschlagenen Bruder ruft sie wieder ins Leben, der kranken Amme richtet sie eine Wohnung ein und pflegt sie, sie besorgt Mehl, um den Armen Speise zu bereiten. Bei allem, was auf sie zukommt, behält sie Jesus im Blick und die Spur seines Evangeliums, an die sie sich von Herzen hält und der sie durch alle Realität ihres Lebens hindurch folgt. Sie sieht mit wachen Augen und gläubigem Herzen.

Wirkliche Barmherzigkeit und Güte sind wunderbar. Wenn ich auf Odilias Leben schaue, scheint mir aber das größte Wunder die Bereitschaft zur Versöhnung zu sein. Ich sehe einen gläubigen Menschen, der sich wirklich versöhnen kann. Vom Vater erhält sie dann um das Jahr 690 die Hohenburg und gründet mit seiner Unterstützung ein Kloster, das heute *Odilienberg* heißt. Man folgt dort der Regel Benedikts und der des Kolumban. Zehn Jahre später gründet sie am Fuß des Berges ein zweites Kloster *Niedermünster:* eine Herberge für Pilger und ein Spital für die Armen, denen so der Weg auf den Berg erspart bleibt.

Vom Gebet und Beispiel seiner Tochter beeinflusst, deren Rat er schließlich in praktischer wie spiritueller Hinsicht schätzen lernt, stirbt Odilias Vater mit Gott und den Menschen versöhnt. Ihre Mutter stirbt nur wenig später. Es heißt, dass Odilias Gebet beide über den Tod hinaus begleitet habe. Odilia hilft ihnen so, durch alle Läuterung, Reinigung und alles mögliche Fegefeuer hindurch, in Gottes heiliger, glühender und erbarmender Liebe Annahme zu finden.

Odilias Kloster wird in den folgenden Jahrhunderten mehrfach zerstört und wiederaufgebaut. Eine Zeit lang ist es ein Augustiner-Chorfrauen-Stift, später hüten Prämonstratenser den Ort, der längst zum Wallfahrtsort geworden ist. Die französische Revolution vertreibt die Mönche. Im 19. Jahrhundert wurde das Kloster aus Privatbesitz zurückgekauft. Heute beherbergt es eine Schwesterngemeinschaft und ein Hotel.

Intensives Gebet, das Studium der Heiligen Schrift und der kirchlichen Überlieferung und die Offenheit für die Menschen, die kommen, formen das Leben der Nonnen in Odilias Kloster. Über Odilias Sterben heißt es in der Lebensbeschreibung:

Als sie ihr Ende fühlte, gab sie den Ihrigen die letzten mütterlichen Ermahnungen. Sie sprach: »Bleibt allezeit dem Herrn Jesus Christus getreu und unterwerfet euren Willen ganz und gar dem Willen des Allmächtigen; von dieser Unterwerfung wird euer Heil abhängen. Hütet euch vor dem Hochmut und der Selbstsucht, dass ihr nie den eigenen Willen den Gesetzen der ewigen Weisheit vorziehet. Erinnert euch, dass die Zeit kurz und die Gnade immer bereit ist, die demütigen Herzen in ihren Prüfungen zu unterstützen ... Vergesst nie, dass auch ihr einst in die Lage kommen werdet, in der ihr mich jetzt erblicket, und dass ihr von allen euren Gedanken und Handlungen werdet Rechenschaft geben müssen.«

Dann ... ließ sie sich den Kelch herbeibringen, in dem sich der heilige Leib und das Blut Christi befanden, und nahm sich mit eigenen Händen die letzte Wegzehrung. Diesen Kelch bewahrte das Kloster zum Andenken an ihre Stifterin als großes Heiligtum auf.[8]

Der Überlieferung nach entsprang dort auf ihr Gebet hin eine Quelle, die heute noch fließt und als Odilienbrunnen bekannt ist. Zahllose Menschen haben mit diesem Wasser ihre kranken Augen – und damit gleichsam das Weh ihres Lebens – gewaschen. Viele haben dort gebetet und gerungen, klarer zu sehen und lichter glauben zu können. Bei meiner Recherche zur heiligen Odilia habe ich ein Odilia-Lied von Peter Gerloff gefunden, das in seinen schlichten Worten davon singt (zu singen auf die Melodie »Singt dem Herrn ein neues Lied«, Gotteslob 286):

Tasten, straucheln, irregehn,
suchen und nicht finden,
hören und doch nichts verstehn,
blinder als die Blinden –
so verlieren wir die Zeit,
Pilger in der Dunkelheit,
bis die Schatten schwinden.

Weck in uns, Odilia,
Glauben, Lieben, Hoffen!
Gottes Sonne hat dich ja
tief ins Herz getroffen.
Seit du Christi Ruf empfingst
und auf seinen Spuren gingst,
war dein Auge offen.

Lehr uns sehen, wie du sahst,
Freundin der Geringen,
ahnen, den du nie vergaßt:
Gott in allen Dingen.
Baum und Blume, Berg und Bach,
Menschen, kraftvoll oder schwach,
alles will ihm singen.

© Peter Gerloff, Sehnde
Abdruck mit freundlicher Genehmigung des Autors

Aufbrechen und Anfangen
Walburga (710–779)

Ich will nicht harmonisieren und alle Aufbrüche schönreden. Viele Aufbrüche gründen nicht in der Freiheit des Menschen, sondern in vielmehr vielfältigen Unfreiheiten.

Nach Angaben des Flüchtlingshilfswerks der Vereinten Nationen waren Ende des Jahres 2006 weltweit fast zehn Millionen Menschen auf der Flucht. Oft treibt Unheil Menschen in den Aufbruch. Aber so nötig es ist, dieses Elend wahrzunehmen, so wichtig scheint es mir auch, die ganz anders gearteten Aufbrüche nicht zu vergessen, sich ihrer zu erinnern und sich von ihnen inspirieren zu lassen. Dies sind Aufbrüche, in die wir nicht flüchten, in die wir nicht durch äußere Gewalt getrieben, sondern in die wir von Gott gerufen werden: mit dem ganzen uns anvertrauten Leben, mit allem, was Gott uns darin lebendig anvertrauen will.

Am Rand des Nördlinger Ries, einem 15 Millionen Jahre alten Meteoritenkrater, liegt in Schwaben die alte Stauferburg Harburg. Dort befindet sich heute die berühmte Bibliothek der Oettinger mit wertvollen Handschriften, Drucken und Kunstwerken. Darunter werden auch zwei Wandteppiche, die Walburga zeigen, aufbewahrt: der sogenannte *Ältere Walburgateppich,* aus der Zeit um 1460, und der *Sippenteppich* aus dem frühen 16. Jahrhundert.[9]

Walburga stammt aus einer vornehmen und sehr gläubigen Familie. Die lateinische Überschrift über dem Sippenteppich lautet: *Dies ist ein Geschlecht von Gottsuchern.* Diese Formulierung bezieht sich auf Psalm 24,6. Dort heißt es: *Das sind die Menschen, die nach ihm fragen, die dein Antlitz suchen, Gott Jakobs.* Voraus geht in Vers 3 des Psalms die Frage: *Wer darf hinaufziehen zum Berg des Herrn, wer darf stehen an seiner heiligen Stätte?* Der Psalmist gibt in Vers 4 die Antwort: *Der reine Hände hat und ein lauteres Herz, der nicht betrügt und keinen Meineid schwört.*

Der Wandteppich mit dem Sippenbild der Gottsucher zeigt ein weitverzweigtes Geäst, in dem in zwei Reihen Menschen dargestellt sind: Rechts unten sitzen die Eltern Walburgas, Richard und Wunna. Über ihnen steht Walburga als Äbtissin. Neben ihren Eltern stehen Offo, König von England, der nach der Legende mit Walburga verwandt war, und Willibrod († 739), Bischof von Utrecht. Im Geäst darüber sieht man den heiligen Willibald, Bischof von Eichstätt, Walburgas Bruder. Der berühmteste Verwandte Walburgas, Bonifatius, ist auf dem Bildausschnitt nicht zu sehen, den ich in dem Buch fand, das die Benediktinerinnen in Eichstätt zu Walburgas 1200. Todestag herausgegeben haben. Wohl aber ist Benedikt, der Mönchsvater, in der unteren Reihe neben Willibrod zu sehen. Nicht nur aus Blutsverwandtschaft erwächst das *Geschlecht der Gottsucher.* Neben der natürlichen gibt es auch noch die geistliche Vaterschaft. Beide müssen nicht konkurrieren, sondern können sich idealerweise gegenseitig befruchten.

Im Buch der Eichstätter Benediktinerinnen heißt es: *Das Glück, aus einem von den Kräften des Glaubens geprägten Familienverband zu stammen, ist ein großes Gottesgeschenk. Walburga wurde es zuteil.*[10] Vielen Menschen geht es heutzutage aber ganz anders. Da ist es wichtig zu sehen, dass nicht alles an einem leiblichen Vater, an einer leiblichen Mutter hängen muss. Jeder, der will, kann Väter und Mütter finden und mit ihnen als christliche Familie leben lernen. Der Buchtext weist auch darauf hin: *Echte christliche Familie ist dort, wo man füreinander sorgt und miteinander betet.*[11]

Geboren wird Walburga um das Jahr 710 als Tochter des angelsächsischen Richard von Wessex und seiner Frau Wunna. Ihre älteren Brüder sind Willibald und Wunnibald, welche die Kirche beide als Heilige verehrt. In dieser Zeit waren die Menschen nach der zweiten Missionswelle, die mit dem Mönch Augustinus in England eingesetzt hatte, von einer großen *Sehnsucht nach Pilgerschaft und Heimatlosigkeit um Christi willen*[12] ergriffen. Aus diesen Wurzeln heraus wuchs der starke Impuls zur Mission, der in Bonifatius und vielen anderen so sichtbar und fruchtbar geworden ist. Als Walburga zehn Jahre alt ist, brechen ihr Vater und die beiden Brüder zu einer Pilgerreise zum Grab der Apostelfürsten nach Rom auf. Der Vater stirbt auf dieser Reise. Sie selbst wird ins Kloster Wimborne gegeben, wo sie ihre Erziehung erhält. Später wird sie dort Nonne. *In der Einsamkeit der Klosterzelle wird sie hell-hörig, hell-sehend, hell-wach,*[13] ein Mensch, der für Gott offen ist: offen für seine Anrufe, offen für seine Angebote, offen auch für seine Anforderungen. Sie ist nun mit der ganzen eigenen Existenz bereit, aufzubrechen, wenn Gott ruft und es Zeit ist anzufangen, was angefangen sein will. Dabei reichen für Walburga Gottes Heil und Willen immer weit über mögliches eigenes Planen hinaus. Aber wenn ein Mensch – wie Walburga im Kloster in Wimborne – gelernt hat, sich im

Horizont von Gottes Wirklichkeit und Wirken selbst zu bescheiden, werden auch in ihm selbst bis dahin unbekannte und nie geahnte Kräfte freigesetzt.

Es tut sich für Walburga ein ganz neues Feld auf, als sie auf Bitten des Bonifatius zu den Nonnen gehört, die um das Jahr 750 zur Unterstützung seiner Mission nach Germanien segeln. Vermutlich lebt sie zunächst im Kloster Tauberbischofsheim, geht aber bald in das von ihren beiden Brüdern gegründete Doppelkloster Heidenheim. Dort übernimmt sie nach dem Tod ihres Bruders, des Abtes Wunnibald, im Jahr 761 als Äbtissin die Leitung.

Überzeugungskraft und Frömmigkeit kennzeichnen ihr wunderbares Engagement unter den Menschen. Bald werden ihrem Gebet Wunder und Heilungen zugeschrieben. Wie auch immer das im Einzelnen gewesen sein mag, durch sie ist den Menschen in jedem Fall der Glaube zur Erfahrung geworden. Walburga stirbt im Jahr 779 in Heidenheim. Doch schon 870 werden ihre sterblichen Überreste in die St.-Walburga-Kirche nach Eichstätt übertragen, wo sie bis heute von den Benediktinerinnen der im Jahr 1035 gegründeten Abtei behütet werden. Über 1000 Jahre nach Walburgas Tod wagen ihre späteren Töchter der Benediktinerinnenabtei St. Walburg in Eichstätt einen neuen großen Aufbruch übers Meer. Benedikta Riepp und zwei weitere Schwestern sind die Ersten, die sich auf Anfrage von P. Bonifaz Wimmer, der später der erste Abt der Benediktinerabtei St. Vincent in Pennsylvania wurde, in die Vereinigten Staaten von Amerika einschiffen. Ihr Anfang dort ist alles andere als leicht. Aber dieser Aufbruch setzt eine ganze Kette von anfangs unabsehbaren Aufbrüchen in Gang. Die Schwestern haben sich auf den Anfang und alle nötigen weiteren Anfänge, die dieser mit sich bringt, eingelassen. Daraus entsteht ein gewaltiger Neuanfang mit der Gründung von über 45 benediktinischen Frauenklöstern in den USA. Auch wenn diese sehr bald selbstständig werden, halten sie *bis heute die Verbindung mit dem Mutterkloster und berufen sich auf Heimatrecht in St. Walburg.*[14]

Intus monachus, foris apostolus –
Nach innen ein Mönch, nach außen ein Apostel
Lioba (710–782)

In der ehemaligen Zisterzienserinnenabtei Kloster Wald führen heute die Liobaschwestern, eine vor etwa 80 Jahren gegründete benediktinische Frauengemeinschaft, eine Heimschule. Gründungsimpuls dieser Gemeinschaft war es, die Lioba-Mentalität kreativ in die heutigen Verhältnisse zu übersetzen. Auf der Empore der Abteikirche hängt ein Wandteppich, der viele Szenen aus Liobas Leben zeigt. Dazwischen läuft ein Schriftband mit folgendem Text: *Komm übers Meer, Lioba, und pflanze den Samen des Evangeliums in deutschen Landen. Lioba, Liebe, auf dir ruht die Hoffnung des Volkes. Heilige Lioba, Apostola Germaniae, verlasse nicht das Land deiner Wanderschaft.*[15] Um 830 veranlasste Abt Rhabanus Maurus von Fulda den Mönch Rudolf, den Geschichtsschreiber der Karolinger, eine Lebensbeschreibung über Lioba zu verfassen,[16] in der uns über typologische Elemente hinaus eine ungemein freundliche und freundschaftsfähige, intelligente und gebildete, innerliche und entschlussfreudige Frau und Nonne begegnet. Sie ruht in Gott und in sich selbst und lebt ein höchst bewegtes Leben. Sie lebt ihre religiöse Sendung so sehr, dass sie – Lioba, die Liebe, die Zarte – den Namen *Apostola Germaniae, Apostelin Germaniens* erhält. Wie viel an ihr ist staunenswert und bewunderungswürdig!

Geboren um 710 in Britannien, kommt Lioba als Kind in die Klosterschule in Wimborne und erhält dort eine ausgezeichnete wissensmäßige und charakterliche Bildung. Sie wird später Nonne in Wimborne. Im Jahr 716 war Bonifatius, wie auch viele andere Mönche, in Germanien gelandet. Der Gedanke der *Peregrinatio propter Christum,* des Pilgerseins um Christi willen, verbunden mit dem inneren Feuer der Evangelisierung, treibt diese Menschen in Neuland. Im Jahr 735 bittet Bonifatius die Äbtissin Tetta in Wimborne, ihm Lioba und einige andere Nonnen zur Hilfe zu entsenden. Schon Jahre zuvor hat Lioba einen Brief an Bonifatius geschrieben, in dem sie ihn sich zum Bruder auswählt. Nun folgt Lioba dem Ruf Christi und wird für Bonifatius Hilfe und Schwester. Klostergründungen sind ein Weg, um die neue Religion an einem Ort zu verwurzeln. Diese Klöster werden zu Orten der Liturgie und Sakramente, der Bildung und Kultur, des Gebets und der Nächstenliebe, der Gastfreundschaft und Ratsuche. Die Heimat verlassend, gestalten Männer und Frauen in dem Land, in das sie als Fremdlinge kommen, durch Klöster Räume christlicher Beheimatung, wie es auch heute wieder so nötig wäre.

Lioba lernt nun Bonifatius persönlich kennen und wird durch ihn Äbtissin des neu gegründeten Klosters Tauberbischofsheim. Auch andere Klöster unterstehen ihrer Obhut. Von ihr wird Pioniergeist gefordert. Ihr Biograph beschreibt sie dabei als liebevoll und liebesfähig: *Ihre Rede war angenehm, ihr Geist klar, ihre Tatkraft groß, ihr Glaube fest; in der Hoffnung war sie geduldig, in der Liebe mitteilsam.* Glauben und Leben, Verkündigung und Zuwendung, Gemeinschaft und Leitungsdienst gehen bei Lioba Hand in Hand und entfalten sich zu einer *Einheit von unverhohlener Menschlichkeit und unbedingtem Gottzugehören.* Es heißt von ihr: *Fürsten liebten sie, Vornehme empfingen sie, Bischöfe nahmen sie freudig auf und tauschten sich mit ihr über das Wort des Lebens aus und besprachen oft mit ihr kirchliche Einrichtungen, da sie in den Schriften sehr gelehrt und vorsichtig im Rat war.* [17]

Lioba ist für alle offen, die ihr begegnen. Sie ist bereit, sich im fremden Land ganz zu verwurzeln. Aber sie lässt sich, bei allem Begegnen und bei aller Verehrung, die ihr zuteilwird, nie vereinnahmen. Manchmal lädt Karl, der Sohn des Frankenkönigs Pippin, *der spätere Karl der Große, sie zu sich ein. Seine Frau, Königin Hildegard, liebte sie wie ihr zweites Ich und wollte, dass sie immer um sie bliebe.* Aber Lioba will kein Leben in Hof und Kaiserpfalz. Als die inzwischen alt gewordene Nonne danach gefragt wird, wird sie deutlich und reist ab. Ihr ist wichtig, ganz in Gott verwurzelt zu sein und auf ganz verschiedene Menschen zugehen zu können – so missionarisch, wie es jeweils angemessen ist. Eine solche Einstellung lässt sich nicht mit der Bequemlichkeit und Sicherheit des Kaiserhofes vereinbaren.

In der Kunst wird Lioba oft mit einer Glocke und einem Buch dargestellt. Die beiden Zeichen stehen dafür, dass sie mit ihrem ganzen Sein das Evangelium Jesu Christi verkündet und wie eine helle Glocke zur Wahrheit des Evangeliums ruft. Die Freundschaftsfähigkeit Liobas spiegelt sich am hellsten in ihrer Beziehung zu Bonifatius wider. Als sie sich mit ihm vor seiner letzten Missionsreise trifft, heißt es, dass er ihr seinen Mantel überlässt und sie ermahnt und bittet: *Lioba, Liebe, auf dir ruht die Hoffnung des Volkes, verlass nicht das Land deiner Wanderschaft.* [18] Wie sehr sich Bonifatius bei ihr geborgen und getragen weiß, drückt sich auch darin aus, dass er – wie wir es schon bei Benedikt und Scholastika sahen – nach dem Tod mit ihr zusammen in einem Grab beigesetzt werden will, damit *sie, die in gleichem Wunsch und Streben in ihrem Leben Christus gedient hätten, auch zusammen den Tag der Auferstehung erwarteten.*[19]

Dieser Wunsch hat sich jedoch nicht erfüllt. Bonifatius, der im Jahr 755 bei Dokkum in Friesland den Martertod stirbt, hat sein Grab in der Gruft des Fuldaer Doms bekommen. Lioba stirbt im Jahr 782 in Schornsheim, wohin sie sich mit Zustimmung des Bischofs zurückgezogen hat. Ihre sterblichen Überreste werden nach Fulda ins Kloster gebracht und bald darauf auf dem nahegelegenen Petersberg beigesetzt, wo sich ihre Grabstätte bis heute befindet. Die alte Krypta dort enthält Reste von Wandmalereien, die zu den ältesten in Deutschland gehören. Im September 2007, an ihrem 1225. Todestag, eröffneten dort die Liobaschwestern ein neues kleines Kloster: Sie hüten nun den Ort und geben Geist und Seele Raum und teilen ihn mit den heutigen Menschen.

Lioba ist eine inspirierte und inspirierende Benediktinerin, menschlich und christlich ansprechend im tiefen Sinn. Als ein Echo dafür steht auch das Musical, das ihr zu Ehren geschrieben wurde, und das Jugendliche der Pfarrei St. Peter in Fulda, wo sie nun ruht, im Herbst 2008 aufführten.

Kraftvolle Güte

Adelheid von Vilich (um 970–um 1015)

Das ist schon bemerkenswert: Im Juni 2008 beantragte der Rat der Stadt Bonn mit der Mehrheit der Fraktionen von CDU, SPD und FDP, beim Erzbischof von Köln, Kardinal Joachim Meisner, anzusuchen, Adelheid von Vilich neben den römischen Soldaten der Thebäischen Legion, Cassius und Florentius, zur dritten Schutzpatronin der Stadt Bonn zu ernennen. Die positive Antwort kam aus Rom über Köln nach Bonn, und am 29. November 2008 wurde Adelheid von Vilich im Bonner Münster feierlich zur Schutzpatronin von Bonn proklamiert.

Bereits im Juni vorher war im Bonner Generalanzeiger zu lesen: *Sie war eine Powerfrau[20]*. Das ist eine enorme Verkürzung. Als ob Power allein je gereicht hätte, dass sie schon bald nach ihrem Tod und fast ein Jahrtausend lang verehrt wird. Erst 1966 wurde Adelheid von Vilich von Papst Paul VI. heilig gesprochen. *– Sie ist im wahrsten Sinn des Wortes eine Volksheilige*, heißt es in dem Artikel des Generalanzeigers auch. Das kommt ihrer Person schon näher, auch wenn sie selbst sich sicher nie so verstanden hat. Adelheid hatte ganz anderes im Sinn. Sie hat mit Gott und den Menschen ihrer Zeit wach und gläubig gelebt und ist dabei klug und gütig gewesen. Sie hat Not gewendet, manchmal auf gleichsam »wunderbare« Weise; sie hat schon zu Lebzeiten oft geholfen und hilft auch weiter nach ihrem Tod. – Ich finde es äußerst sympathisch, dass die Stadt Bonn nun neben den soldatischen Glaubenszeugen auch noch eine solche Frau als Patronin beantragt und bekommen hat.

Dass wir Adelheids Lebensgeschichte relativ gut kennen verdanken wir der *Vita Adelheidis,* einer lateinischen Lebensbeschreibung, die im Jahr 1057 von der Nonne Bertha, der Schwester Wolfhelms, der damals Abt in Brauweiler war, verfasst wurde. Diese, in mehreren Handschriften überlieferte *Vita* trägt maßgeblich zum Aufkommen der baldigen Verehrung Adelheids bei.

Die Vita Adelheids entsteht in einer Blütezeit der Gelehrsamkeit und Wissenschaft in zahlreichen Klöstern und Klosterschulen, die durch die Heirat Kaiser Ottos II. mit der hochgebildeten byzantinischen Prinzessin Theophanu noch einen zusätzlichen Auftrieb erfährt. Für Frauen sind Klöster im Mittelalter ja ohnehin ausgezeichnete Stätten von Bildung und Kultur. (Beispielsweise gab es im Erzbistum Köln um 1190 unter insgesamt 87 Klöstern 41 Frauenklöster, 26 davon Benediktinerinnen-, vier Zisterzienserinnen- und elf Prämonstratenserinnenklöster.) Adelheid nahm persönlich äußerst rege Anteil an dieser Bewegung der Bildung für Frauen. Auch in ihrem Kloster in Vilich wurde eine Schule gegründet.

Zur Welt kommt Adelheid um 970 in Geldern am Niederrhein. Fünf Kinder werden ihren Eltern, Graf Megingoz und seiner Frau Gerberga geboren. Am Beispiel der Mutter erlebt Adelheid schon als Kind, dass Besitz Verantwortung bedeutet und Sorge für viele umfasst. Die Eltern geben sie zur Ausbildung nach Köln zu den Stiftsdamen von St. Ursula. Als ihr Bruder Gottfried beim Böhmenfeldzug Ottos II., in dem es erfolglos um eine Osterweiterung des Ottonischen Reiches geht, fällt, bricht für die Eltern zunächst die Welt zusammen. Mit dem Erbteil, das dem Sohn hätte zukommen sollen, stiften sie ein Kanonissinnenstift in Vilich und berufen ihre Tochter Adelheid aus Köln zur Leitung dorthin. Um das Jahr 1000 übernimmt die Gemeinschaft unter Adelheid die Benediktsregel als Lebensordnung. Um 1002, nach dem Tod ihrer Schwester Bertrada, die als Äbtissin der Gemeinschaft von Maria im Kapitol in Köln vorstand, nimmt sie deren Platz ein und wird auf Ersuchen von Erzbischof Heribert von Köln auch dort Äbtissin. Ihm ist sie in Freundschaft und als Ratgeberin eng und treu verbunden, auch wenn sie nicht immer einig sind. Bevor ihr Leben nach kurzer Krankheit zu Ende geht, lässt sie nach ihm rufen. Er kommt sofort. Ihre letzte Ruhestätte findet sie in Vilich. Ihre sterblichen Überreste gehen, bis auf einzelne Reliquien, im Truchsessischen Krieg um 1650 verloren. Aber die Wallfahrt nach Vilich und Pützchen, die bald nach ihrem Tod einsetzte, brach nicht ab. Und der bis heute regional berühmte *Pützchens Markt* ist im Kontext dieser Wallfahrt entstanden.

Adelheid war eine Frau der Güte und der Tat, schwesterlich und mütterlich um das Leben besorgt, sei es im Kloster, in der Schule oder im Erzbistum. Sie konnte wirklich begegnen, die Menschen wahrnehmen, Anteil nehmen und Anteil geben, den Schülerinnen wie den Nonnen, Erzbischof Heribert wie den armen und einfachen Leuten, wie es sich ergab und nottat. – Um die Jahrtausendwende war das Klima, noch ganz ohne die Auswirkungen des heutigen durch Menschen verursachten Treibhauseffekts, so warm wie in unserem 21. Jahrhundert. Und dabei waren viel stärker als heute die Menschen in der vorindustriellen Zeit von Wetter und Witterung abhängig. Ernteausfälle waren oft bedrohlich. Etwa alle zwölf Jahre gab es im Mitteleuropa dieser Zeit eine Hungersnot. Um das Jahr 1000 gab es eine überregionale Trockenheit und Dürre, die viele Menschen aus dem Bergischen Umland an den Rhein trieb, wo sie Wasser zu finden hofften. Adelheid, die sich – wie es die Regel Benedikts in Kapitel 53 *Von der Aufnahme der Gäste* sagt – darauf verstand, *allen, die kommen, entgegenzugehen,* gab, was sie hatte, und gab, was sie wusste. Sie tat, was sie konnte. Einmal von Notleidenden um Hilfe und Wasser gebeten, heißt es, habe sie ihren Stab in die Erde gesteckt, und dort sei eine Quelle entsprungen, die später ihren Namen tragen sollte. Die jährliche Wallfahrtswoche und Brunnenweihe erinnern an das Ereignis, wie das traditionelle *Dohlenbrot,* das zu ihrem Gedenktag gebacken wird, an ihre Armenspeisungen. Bald schon tauchten Heilungsgeschichten im Zusammenhang mit Adelheids Grab und jener Quelle auf.

Gottverbunden zu leben und einem Ort und seinen Menschen verlässlich nah zu bleiben, das sind Kennzeichen benediktinischer Klöster, in denen die Mönche und Nonnen als ein Gelübde *stabilitas* geloben. Stabilitas ist keine Starre und nicht unbeweglich. Vielmehr ist sie eine tief in Christus verwurzelte Beweglichkeit, wie sie vergleichsweise auch den Bäumen eigen ist. In Christus zu bleiben übt sich auch ein, indem man an einem Ort zu bleiben übt. So bleibt Adelheid weit über ihre Lebenszeit hinaus den beiden Orten Bonn und Köln verbunden. In Vilich, das heute zu Bonn gehört, ist ihr Zeichen die Quelle, in Köln ist es das Licht in der Ostkonche der Basilika St. Maria im Kapitol, wo sie seit 1985 in einem der 1938 von A. Wending entworfenen Glasfenster zu finden ist. Im Licht, das in die Kirche einfällt, wird Adelheid von Vilich, diese kraftvolle gütige Frau, im Raum der Kirche anschaubar.

Kraft und Tugend
Hildegard von Bingen (1098–1179)

Vermutlich ist sie die berühmteste Benediktinerin überhaupt, heute wie zu ihren Lebzeiten noch unheimlich »in«, egal, in welche Richtung man schaut: Bei den Musikern, bei den Natur- und Heilkundigen, bei den Schöpfungstheologen, bei den Frauenbewegten, bei den kirchenpolitischen Mahnern, bei den Esoterikern, überall steht sie hoch im Kurs. Gerade laufen die Dreharbeiten einer schon vorab viel beachteten Verfilmung ihres Lebens unter der Regie von Margarethe von Trotta. Im Herbst 2009 kommt der Film *Vision* über Hildegard von Bingen in die Kinos.

Hildegard selbst versteht sich als Prophetin Gottes und Glaubensverkünderin in einer gottvergessenen Zeit. Prophetin ist sie dabei nicht im Sinn von *Vorhersage*, sondern im alttestamentlichen Sinn von Prophetie als *Hervorsage*. Als *vox caeli – himmlische Stimme* will Hildegard die Menschen ihrer Zeit wecken und ihnen sagen, wie es um sie steht.

Viele kluge und gründliche Bücher und Artikel sind über Hildegard geschrieben worden, sodass es dieses Kapitel eigentlich hier gar nicht mehr braucht, um sie vorzustellen. Andererseits: Wie könnte Hildegard von Bingen in dieser Reihe benediktinischer Frauen fehlen! So will ich zuerst ihren Lebensweg ohne den Anspruch von Vollständigkeit in der Fläche und Tiefe skizzieren. Ich bin mir aber bewusst, dass ich Hildegards Multi-talent[21] dabei nicht annähernd gerecht werde. Und danach will ich exemplarisch nur das Stichwort nennen, unter dem sie mir das erste Mal wirklich begegnet ist.

Als zehntes Kind des Edelfreien Hildebert von Bermers-heim und seiner Frau Mechthild kommt Hildegard im Jahr 1098 in Rheinhessen zur Welt. Mit 14 Jahren wird sie als Schü-lerin der Klausnerin Jutta von Sponheim übergeben, deren Klause dem Benediktinerkloster auf dem Disibodenberg ange-gliedert ist. Um 1115 legt sie vor Bischof Otto von Bamberg ihre Gelübde ab und wird Benediktinerin. In der Klause wächst eine kleine Frauengemeinschaft heran. Im Jahr 1136, nach dem Tod Juttas, wird Hildegard zur Leiterin dieser Gemeinschaft gewählt.

Politisch zogen sich die Auseinandersetzungen um Einfluss und Vorherrschaft zwischen Papst und Kaiser durch das ganze Jahrhundert und damit auch durch Hildegards Leben. Im Be-reich der Baukunst ist es die Zeit der Blüte der Romanik. Im Bereich der Orden blühen neue Orden wie die Zisterzienser oder die Johanniter auf. Einerseits werden die Menschen von der Euphorie und Qual mehrerer Kreuzzüge geschüttelt, anderer-seits beginnt die Zeit des Minnesangs. Auf dem Disibodenberg werden zwischen 1108 und 1143 das Kloster und die Basilika erweitert beziehungsweise gebaut. Im Jahr 1141 weiß Hildegard sich von Gott beauftragt, die Visionen, die sie seit vielen Jahren hat, niederzuschreiben und mitzuteilen. *Sci Vias – Wisse die Wege* heißt ihr erstes Werk, bei dem der Mönch Volmer, der ihr Werk noch 30 Jahre lang begleiten wird, sie unterstützt. Später folgen der *Liber vitae meritorum – Das Buch der Lebensverdienste,* dann der *Liber divinorum operum – Das Buch der Gottteswerke,* eine Vita des heiligen Rupert von Bingen, Schriften zur Natur- und Heilkunde, eine Sammlung geistlicher Lieder und das Singspiel *Ordo virtutum – Spiel der Kräfte.*

Inkarnation und Erlösung, Mikrokosmos und Makrokosmos sind Themen, die alles durchziehen. *Sci Vias* gibt den Ton an für Hildegards ganzes Werk. In ihrem Alterswerk *Liber divinorum operum – Das Buch der Gottteswerke* kommt vieles davon wieder zur Sprache. Dort heißt es: *Oh Mensch, schau dir den Menschen an: er hat Himmel und Erde und die ganze übrige Kreatur in sich. In ihm ist alles verborgen schon vorhanden. Oh wie herrlich ist Gott, der schöpferisch wirkt und seine eigene Herrlichkeit durch die Geschöpfe offenbart. Wenn du zu deinem Schöpfer aufblickst und sagst »Mein Gott bist du«, dann entzündet sich in dir das Feuer der Liebe, aus der alles Leben entsteht und alles Gute hervorgeht. Du hast also die Wahl, denn du kannst nicht zwei Herren dienen. Darum, oh Mensch, schau auf zu deinem Gott – und die Erde wird neu werden!*[22] Ihre Schriften wie ihr ganzes Lebenswerk zeigen, wie Hildegard durch ihr eindringliches Verstehen-Wollen der Heiligen Schrift und dem Schöpfen aus der Regel Benedikts zutiefst geprägt ist. Gerade aus dieser geistlich-monastischen Haltung heraus handelt sie gegenwartsbezogen und ewigkeitsbezogen zugleich.

Zu Hildegards größeren Werken kommt noch eine umfangreiche Korrespondenz hinzu. *390 Briefe sind uns überliefert. Es sind Zeugnisse unerschrockener Direktheit, mahnender Sorge, erfrischend humorvoller Weitherzigkeit, persönlichen Engagements und auch weitreichender (kirchen-)politischer Einflussnahme. Mehr als aus ihren anderen Schriften kann man den Briefen entnehmen, dass Hildegard bereits zu Lebzeiten eine anerkannte Autorität gewesen sein muss. Ihre Meinung war gefragt, auch wenn sie nur allzu oft unbequem und keineswegs immer schmeichelhaft war.*[23]

Es gibt einen Briefwechsel Hildegards mit Bernhard von Clairvaux, ein ihre Visionen anerkennendes Schreiben von Papst Eugen III., der auf der Reformsynode in Trier 1147 den dort Anwesenden höchstpersönlich aus Hildegards Schriften vorliest, und Briefe an Kaiser Barbarossa, mit dem Hildegard auch persönlich zusammentrifft. Wach nimmt Hildegard teil am ganzen Leben, wach und engagiert bringt sie ihr Leben in die Entwicklungen und Entscheidungen ihrer Zeit ein.

Immer wieder gerät Hildegard auch in Auseinandersetzungen – sei es mit den Mönchen auf dem Disibodenberg im Zusammenhang mit der Gründung ihres Klosters auf dem Rupertsberg, sei es wegen unterschiedlicher Auffassungen von klösterlichem Lebensstil oder auch mit den zuständigen Bischöfen wegen der Besetzung von Ämtern. Ich las, Hildegard sei nicht nur kränklich, sondern auch schüchtern gewesen. Schwach und konfliktscheu war sie nicht: Wo immer sie es für nötig erachtet, steigt sie in Situationen ein oder hält ihnen Stand. Zwischen 1158 und 1170 unternimmt sie, schon als alternde Frau, vier Predigtreisen, zu denen sie sich von Gott beauftragt weiß. Sie reist mit dem Schiff oder zu Pferd in 20 Städte. Sie spricht von dem, was sie sieht, ruft zu Umkehr und gläubiger Neuorientierung auf und redet der Welt, die sie zu predigen einlädt, ins Gewissen.

Zu den schwersten Konflikten, denen Hildegard standhält, gehört, dass sie gegen Ende ihres Lebens auf Klostergrund einen exkommunizierten, aber inzwischen vom Kirchenbann befreiten

Mann beerdigen lässt. Der Bischof von Mainz befiehlt ihr 1178 die Exhumierung des Toten unter Androhung des Interdikts für sie und das Kloster. Hildegard nimmt eher die Strafe auf sich – um deren Aufhebung sie unermüdlich ringt –, als dass sie in dieser Sache nachgibt. Kapituliert hat sie nicht, auch wenn dem Klosterleben durch das Interdikt das Herzstück genommen wird und weder das öffentliche Gotteslob gesungen noch die Sakramente gespendet werden dürfen. 1179, nach fast zwei Jahren, wird das Interdikt wieder aufgehoben. Kurz darauf stirbt Hildegard am 17. September 1179.

Mir ist Hildegard – mehr als 800 Jahre nach ihrem Tod – am 3. September 1982 in Düsseldorf begegnet. Das war beim 87. Deutschen Katholikentag, wo ich mit anderen Schwestern und Brüdern in einer der Hallen das Stundengebet sang. Eines Abends erlebte ich dort in Düsseldorf-Kaiserswerth Hildegards *Ordo Virtutum – Spiel der Kräfte* in einer szenischen Aufführung. In diesem Werk stellt sie uns ein mystisches Universum vor Augen, in dem die verschiedenen Kräfte in Figuren personifiziert auftreten. *Bildhaftigkeit statt Begrifflichkeit,*[24] das ist Hildegards Stil. Von Kindheit an mit Schau begabt, steigt sie durch die Bilder zum Grund der Geschehnisse und erkennt die zugrunde und dahinter liegenden Muster und Bewegungen. *Vidi et intellexi – ich sah und begriff,*[25] schrieb sie später. Im *Ordo Virtutum* sind Kräfte mit ganz unterschiedlichen Tendenzen im Spiel und ringen darum, die Seele des Menschen zu gewinnen. Teufelskräfte und Tugendkräfte prallen aufeinander. – Tugenden werden hier nicht als moralische Pflichtübungen verstanden, sondern als Wirkkräfte, die das Leben gestalten.[26] Es geht um den Weg der Entscheidung und der Reifung der Seele von der *prima materia* zur *lucida materia* – vom Urschoß der Welt zum lichten Schoß, wie es im *Ordo Virtutum* in der Antiphon zum Einzug heißt. Eva und Maria, die beiden Frauen, mit denen jeweils Neues begann, stehen als Topoi dafür. Tugenden und Laster, aufbauende und zerstörerische Gestaltungskräfte sind am Werk und machen den geistlichen Kampf für den Menschen unausweichlich. Aber in Jesus Christus ist der wesentlichste Sieg schon errungen und der Weg für uns schon geöffnet. Auf diesem Weg zu sein heißt, Christus verbunden und in der Übung zu bleiben. Dabei kommt uns im Spiel der Kräfte *die virtuose Kraft des Allmächtigen*[27] als Gnade zu Hilfe, Christus, der uns entgegenkommt, uns ruft und emporhebt. Die Menschwerdung ist das Christusmysterium, das Hildegard am häufigsten beschäftigt.[28] Im Blick auf unsere Menschwerdung geht es dabei um Gnadenlehre und Tugendlehre.

Dass der Weg von der *prima materia* zur *lucida materia* dabei durch vielfältige Brechungen von Person und Biografie führt, setzt die Wahrheit der Kräfte und Tugenden nicht außer Kraft. Wir alle spiegeln das reine, leuchtende Licht als Farbe, gebrochen und unvollständig. Aber auch so – in dieser Gebrochenheit – ist es eindeutig Licht. Es macht sichtbar, wovon Hildegard zutiefst überzeugt ist: In allen Teilen und auf allen Ebenen des Lebens und der Welt geht es ums Ganze.

Das Wunder der Blüte

Gertrud von Hackeborn (1232–1292)

Alle Jahreszeiten sind gut. Eine jede hat ihren eigenen Sinn. Eine jede hat ihre eigene Schönheit. Vielleicht erlebe ich das am deutlichsten im Frühling, wenn das Licht wieder wächst und an den kahlen Ästen der Bäume plötzlich die Blüten aufbrechen, zartes Leuchten aus dürrem Holz in atemberaubender, duftender Fülle. Nicht nur die Natur hat ihre Jahreszeiten und Wunder, auch jedes Menschenleben hat sie auf seine Weise, und jedes Kloster und jede Gemeinschaft hat sie auch. Das Leben bleibt nicht bei der Blüte stehen, immer drängt es weiter, und es nimmt mich, nimmt uns mit. Mitgenommene, die wir sind, wollen wir aber nicht vergessen, das Wunder der Blüte zu bestaunen und aus ihm heraus die je eigene Jahreszeit zu leben.

Die große Blütezeit des Klosters Helfta dauert erstaunliche vierzig Jahre. Dann ist sie vorüber. In einzigartiger Weise verdichten sich Mystik und Wissenschaft in diesem Frauenkloster des 13. Jahrhunderts. Durch die Schriften Mechtilds von Hackeborn, Gertruds der Großen und Mechtilds von Magdeburg strahlt diese geistig-geistliche Dichte bis in die heutige Zeit hinein. Maßgeblich wird der Ort Helfta von Gertrud von Hackeborn geprägt.

Mit 19 Jahren wird Gertrud von Hackeborn 1251 zur zweiten Äbtissin des Zisterzienserinnenklosters Rodarsdorf gewählt, in dem sie – wie auch ihre zehn Jahre jüngere Schwester Mechtild von Hackeborn – ihre Erziehung und Ausbildung erhalten hat. Wegen Wassermangel verlegt sie mit tatkräftiger Unterstützung seitens ihrer Familie den Konvent in das neu errichtete Kloster Helfta bei Eisleben. 40 Jahre lang steht sie als Äbtissin der Gemeinschaft vor und öffnet Räume zum Leben, gemäß einem zisterziensischen Leitwort: *Porta patet – cor magis. Die Tür steht auf, das Herz noch mehr.* Über 100 Schwestern leben zeitweise in Helfta. Auf deren Bildung und Ausbildung legt Gertrud, die sich sowohl durch Herzensgüte als auch durch ein lebendiges geistliches Interesse auszeichnet, allergrößtes Gewicht.[29] Sie erweitert die Klosterschule, schafft an Büchern herbei, was nur möglich ist, und sorgt für die Errichtung eines angesehenen Skriptoriums in Helfta selbst. Man versteht, liest und schreibt in Latein, studiert die Heilige Schrift und versenkt sich in ihr in einer *sapientia spiritualis, das heißt,* in einem Bemühen, *die in der Heiligen Schrift ruhende Wahrheit zu erkennen.*[30] Man liest sowohl die Kirchenväter als auch damals jüngere Theologen. Gertrud soll gesagt haben: *Wenn das wissenschaftliche Studium aufhört, versteht man die Heilige Schrift nicht mehr, und dann hat das Ordensleben bald ein Ende.*[31]

Angelpunkt solchen Wissens und Studierens im klösterlichen Rahmen sind der Vollzug der Liturgie und das Leben aus ihr. Die Feier der Liturgie, das Studium der Schrift und das Leben in der Gemeinschaft kennzeichnen die geistliche und literarische Blüte, die Mystik der Frauen von Helfta und das Lebenswerk Gertruds von Hackeborn.

Schon während dieser Blüte und noch zu Gertruds Lebzeiten erleidet das Kloster 1284 bereits einmal eine Plünderung.

Im Jahr 1342 wird es während der Halberstädter Bischofsfehde durch Bischof Albert von Braunschweig verwüstet, dem die päpstliche Anerkennung verweigert wurde. Man verlegt das Kloster näher an die Stadt Eisleben, in der im Jahr 1483 Martin Luther geboren werden wird. Im Jahr 1525 werden die Nonnen dort von aufständischen Bauern vertrieben – und kehren nach vier schweren Jahren in der Fremde schließlich 1529 auf das alte Klostergelände zurück. Als es in späteren Jahren der Reformation nicht gelingt, die Nonnen zum Protestantismus zu bekehren, wird Kloster Helfta 1546 aufgelöst und bleibt rund vier Jahrhunderte in Privatbesitz. Nach dem Zweiten Weltkrieg wird das Gelände im Jahr 1945 ein *Volkseigenes Gut* der DDR. In einem Gutachten heißt es: *Helfta ist ein Schrotthaufen. Bauruinen müssen auch sterben können. Es bestehen keine Aussichten auf Förderung für deren Erhaltung.* Fast wäre die Kirchenruine von Helfta, in die man Garagen eingebaut hatte, 1988 gesprengt worden. Das Bistum Magdeburg pachtet 1992 das Areal und erwirbt es schließlich 1994 mit der engagierten Hilfe eines Freundeskreises. Unvergessen ist mir in diesen Jahren eine Eucharistiefeier anlässlich einer Tagung über die Frauen von Helfta mit Bischof Leo Nowak in der Ruine der Klosterkirche.

Dennoch gilt bis heute: Helftas große Blütezeit ist vorüber. Bald schon nach dem Tod Gertruds von Hackeborn ist sie vorbei. Umso mehr ist das Bemühen der Neubelebung des Klosters Helfta durch das Bistum Magdeburg und die Zisterzienserinnen der Abtei Seligenthal 1999 zu würdigen – gerade in einer Zeit, in der im Land Sachsen-Anhalt mit seinen 2,7 Millionen Einwohnern nur 190 000 katholische und 450 000 protestantische Christen leben und in der von den etwa 17 Millionen Einwohnern der östlichen Bundesländer Deutschlands etwa 80 Prozent keiner Glaubensgemeinschaft angehören. Blütezeiten gehen immer vorbei, damals wie heute, das liegt in ihrer Natur. Wenn die Blüten vergehen, wachsen die Früchte, die das Leben nähren. Und was uns in unserer Zeit der Weltmärkte vertraut geworden ist, hat im geistlichen Raum schon immer gegolten: Die Märkte, auf denen die Früchte ausliegen, die Häuser, in denen sie genossen werden und das Leben nähren, liegen oft weit entfernt vom Garten, in dem sie geblüht haben und gewachsen sind.

Im Werk Gertruds der Großen, dem *Legatus divinae pietatis – Gesandten der göttlichen Liebe* heißt es vom Tod der Äbtissin Gertrud von Hackeborn, dass sie nach langer Agonie stirbt und man ihren Leichnam den Begräbnisriten der Gemeinschaft entsprechend vor dem Altar in der Klosterkirche aufbahrt. Während der Konvent sich in einer Geste der Verehrung vor Altar und Leichnam betend zu Boden wirft, erscheint den Schwestern die Seele der verstorbenen Äbtissin in unsäglichem Glanz. Sie steht in einem Leuchten vor der Dreifaltigkeit Gottes und betet für das Kloster.[32]

Vielleicht gilt dies sorgende, stellvertretende Beten Gertruds von Hackeborn nicht nur dem Kloster in der Blüte, den Nonnen in blühenden Klöstern und nicht nur den Menschen in der Blüte ihres Lebens. Dem Wunder der Blüte folgt immer wieder das Wunder der Frucht. Und wenn die nicht verzehrt wird, vergeht und vermodert sie und gibt so neuen Samen preis, aus dem das Leben weiter wachsen kann. Vielleicht gilt das sorgende, stellvertretende Beten Gertruds von Hackeborn, die vor Gottes Herrlichkeit steht, den Schwestern und Brüdern, den Menschen, die lernen und ringen und durch Blütezeit und

Fruchtstände und durch die auch mögliche Agonie hindurch in das zunehmende Wissen um Gott und seine Herrlichkeit hineinwachsen müssen. Diese Herrlichkeit, die mich schon lange anstrahlt und die mich anzieht – viel mehr als das warme Licht der Sonne, das alle möglichen so erstaunlichen Blüten wecken und alle möglichen Früchte reifen lassen kann.

Visionen haben – tun, was man sieht
Mechtild von Hackeborn (1241–1299)

Visionen sind unverfügbar. Ich meine dabei nicht Wahrnehmungen der Art, die man durch Selbstmanipulation mit allerlei Drogen wohl herbeiführen kann. Durch Drogen will man in andere als die eigenen Wirklichkeiten entfliehen und das Ich von den Realitäten entlasten, mit denen man es zu tun hat. Wirkliche Vision, in der einem Menschen Schau und Einsicht gegeben wird, wie sie die religiöse Phänomenologie überall kennt, ist unverfügbar. Das Kloster Helfta ist in seiner Blütezeit reich an Vision und Einsicht. Begnadete Frauen empfangen sie. Sie leben mit allen Sinnen, aber sie leben nicht, um Schauungen zu haben. Sie empfangen Schauungen, um zu leben, was sie sehen, um mit allen Sinnen das Geheimnis der Gotteswirklichkeit und der Menschenwirklichkeit mitzuleben. Visionen bleiben unverfügbar.

Aber auch ich sehe. Jedem zeigt sich das Leben irgendwie. Wir alle sehen schon etwas. Es geht immer darum, zu tun, was wir sehen, mitzutun, was Gott, der das Leben will, uns zeigt. Mechtild von Hackeborn kommt als Siebenjährige in das Zisterzienserinnenkloster Rodarsdorf. Dort erhält sie, wie schon ihre zehn Jahre ältere Schwester Gertrud, die zwei Jahre später zur Äbtissin des Klosters gewählt wird, ihre Ausbildung. In Helfta, wohin die Gemeinschaft 1248 umzieht, wird sie Leiterin der

Klosterschule und Kantorin. Sie besitzt eine hohe künstlerische Begabung und eine Wesensart, die sie bei ihren Mitschwestern sehr beliebt sein lässt. Es heißt, sie sei viel krank gewesen. Die letzten acht Jahre ihres Lebens ist sie bettlägerig. Erst in dieser Zeit ab ihrem 50. Lebensjahr erzählt sie den Mitschwestern von ihren Visionen. Wann diese begannen, weiß niemand genau. Mechtild überlebt ihre Schwester Gertrud um sieben Jahre. Am 19. November 1299 stirbt sie in Helfta. Offiziell wird sie nie heilig gesprochen, aber schon bald nach ihrem Tod beginnen die Menschen, sie als Heilige zu verehren.

Das geistliche Werk *Liber specialis gratiae – Buch der besonderen Gnade*, durch das Mechtild über ihre Zeit hinaus bekannt wird, hat sie nicht selbst geschrieben. Auf Anweisung der damaligen Äbtissin Sophie von Querfurt halten zwei Schwestern in lateinischer Sprache schriftlich fest, was Mechtild von ihren Visionen weitergibt. Eine der beiden ist Gertrud von Helfta, die ihr auch als Freundin nahesteht. Im Anhang zu dem Werk finden sich Aufzeichnungen über die letzten Tage der beiden Schwestern Mechtild und Gertrud von Hackeborn. Der von Mechtild später autorisierte Text ist Johannes Tauler und Heinrich Seuse wohlbekannt und wird bereits im Mittelalter ins Niederländische, Schwedische und Englische übersetzt.

Mechtilds Visionen sind ganz in das Kirchenjahr und die Feier der Liturgie und Sakramente eingebunden. Und sie leidet sehr daran, dass sie die letzten acht Lebensjahre an der gemeinsamen gefeierten Liturgie nicht mehr teilnehmen kann. In Mechtilds Schauungen wird Gottes erlösende Zuwendung mit allen Sinnen aufgenommen. Die antwortende Liebe der Seele und ihr Lob geschehen mit allen Sinnen. Objektive und subjektive

Frömmigkeit, kirchliche Liturgie und persönliche Spiritualität sind vereinigt und befruchten sich gegenseitig. Sie setzen eine Bilderfülle frei, die oft an die Wirklichkeiten vor Ort anknüpft. Aber die Bilder sind Tür und Verdeutlichung, sie sind nie zentral. Im Zentrum der Schau stehen Christus und die Heilige Dreifaltigkeit, die erlösende und innergöttliche Liebe und das dramatische Heilsgeschehen, in das der Mensch einbezogen ist. Mechtild ist die Beschenkte, und sie ihrerseits muss das Geschenk weiterschenken. Hans Urs von Balthasar schreibt: *Sie versteht ganz genau, dass diese Einheit von Beschenktwerden und Schenken die Gnade selber ist und das Lob Gottes und das Abbild der Trinität in den Geschöpfen.*[33]

Mechtilds Mystik, in deren Zentrum Gott steht, ist aber keineswegs weltabgewandt. Auf dem Weg der Inkarnation erfährt sie den Weg des Menschen nicht als Entrückung oder Vergeistigung. Dieser Weg ist vielmehr Kommunion, Vereinigung mit Gott durch ein reines, geläutertes und vorbehaltloses »Ja« des Menschen, der in diesem Sinn vor Gott Braut ist. Aber diese Braut und ihr Geheimnis – so völlig personal und doch nie bloß persönlich zu verstehen – sind in das Geheimnis von Kirche und Gemeinschaft der Heiligen im Himmel und auf Erden hineingenommen. Darin hat die Seele ihren Teil zu übernehmen, Austausch und Stellvertretung sind ihrem Wesen nach unverzichtbar. Soziale Dimension und Verantwortung gehören zur echten Mystik dazu.

Lassen wir Mechtild selbst zu Wort kommen und uns ein Bild nahebringen, in dem fast all das vorkommt, was ich genannt habe, und das auch nach über 700 Jahren nichts von seiner Frische und Fülle verloren hat.

Im Rebberg des Herrn.

An einem Sonntag, da das »Asperges me« gesungen wurde, sprach sie zum Herrn: »Mein Herr, worin willst du jetzt mein Herz waschen und läutern?« Und sogleich neigte sich der Herr zu ihr mit unaussprechlicher Liebe und begegnete ihr wie eine Mutter ihrem Sohn, umfing sie ganz und sprach: »In der Liebe meines göttlichen Herzens will ich dich waschen.« Er öffnete das Tor seines Herzens, ... und sie trat darin ein wie in einen Rebgarten. Sie erblickte ... einen Strom lebendigen Wassers ..., und um den Strom zwölf Bäume, die zwölf Früchte tragen, das sind die Tugenden, die der heilige Paulus in seinem Brief aufzählt: Liebe, Freude, Friede und so fort (Gal 5,22). Dieses Wasser wird genannt: Fluss der Liebe. Die Seele tauchte hinein und wurde darin von allen Makeln gewaschen. Im Fluss regte sich eine Menge goldgeschuppter Fische; es waren liebende Seelen, die, von allen irdischen Lüsten gesondert, sich in den Quell alles Guten, in Jesus versenkt hatten. Im Rebgarten waren Weinstöcke gepflanzt; die einen standen aufrecht, andere waren zu Boden geneigt. Die aufrechten sind jene, die die Welt mit ihren Blüten verschmähten und ihren Sinn zum Himmlischen emporrichteten; die Niedergebeugten sind jene Bedauernswerten, die im Erdenstaub ihrer Sünden liegen.

Der Herr aber grub die Erde um, er glich einem Gärtner. Sie fragte ihn: »O Herr, was ist denn deine Schaufel?« Er aber sprach: »Meine Angst.« An manchen Stellen war der Boden hart, an andern weich; hart in den Herzen der in Sünde Verhärteten ...; weich in den Herzen derer, die durch Tränen und wahre Reue erweicht sind. Und der Herr sprach: »Dieser mein Rebgarten ist die katholische Kirche, in der ich mich dreiunddreißig Jahre mit viel Anstrengung abgemüht habe. Arbeite du mit mir in meinem Rebberg.« Und sie: »In welcher Art?« Der Herr entgegnete: »Indem du ihn wässerst.« Sogleich lief die Seele eilends zum Fluss und hob einen Wasserkrug auf ihre Schultern; er lastete schwer auf ihr. Da trat der Herr heran und trug mit, und die Bürde wurde ihr leicht. Und er sprach: »Wenn ich so den Menschen meine Gnade verleihe, erscheint alles, was sie für mich tun oder erdulden, leicht und süß; entziehe ich aber die Gnade, so dünkt sie alles schwer.«[34]

Herzenssache und Herzenssprache

Gertrud von Helfta (1256–1302)

Ende Juni 2008 wird in Kloster Helfta, 750 Jahre nach der ersten Kirchweihe dort, eine Gertrudkapelle eingeweiht, eine Kapelle der Anbetung. Im alten Mauerwerk finden sich zwei Fensterbilder des bedeutenden brasilianischen Künstlers Claudio Pastro: ein *Lichtfenster* – und unter ihm – ein *Gertrudenfenster*. In ihm stehen zwei Gestalten wie ins Licht getaucht: Zwei Gesichter, die einander zugewandt sind, vier ausgebreitete Arme und Hände sind zu sehen, aber nur ein Herz – beide Gestalten scheinen wie ein Herz übereinzustimmen.[35]

So wahr die Botschaft dieses Bildes auch sein mag, so gilt es doch einen heute häufig verbreiteten Irrtum zu vermeiden. Denn es sind bei zwei Personen immer zwei Herzen, nicht nur zwei Gestalten. Christlicher Glaube hebt die Person nie auf und vereinnahmt sie auch nie, egal, in welcher Armut oder Fülle er gelebt wird. Die Hingabe, sowohl die göttliche als auch die menschliche, bleibt immer die Hingabe an den geliebten anderen. Hingabe geht nie sich verlierend auf im anderen, sondern gibt sich dem anderen. Das entspricht dem trinitarischen Grundmuster aller Schöpfung. *Cor ad cor loquitur – Das Herz spricht zum Herzen*, schrieb Kardinal John Henry Newman. In diesem Kapitel über Gertrud von Helfta geht es um Herzenssache und Herzenssprache auf höchstem Niveau.

Geboren am Epiphanietag, dem 6. Januar 1256, vermutlich im nahen Eisenach, kommt Gertrud im Alter von fünf Jahren ins Kloster Helfta. Von ihrer Familie weiß man nichts, ob sie allerdings im biographischen oder symbolischen Sinn als Waise dorthin kommt – wie sie selbst an einer Stelle schreibt –, weiß man nicht sicher zu sagen. Helfta jedenfalls wird ihr Heimat, dort geht sie in den übrigen 41 Jahren ihres Lebens alle äußeren und inneren Schritte.

Im Kloster erhält das intellektuell außergewöhnlich begabte Mädchen eine ausgezeichnete humanistische und theologische Ausbildung. Nach zwanzig Jahren im Kloster, Gertrud ist nun ist 25 Jahre alt, macht sie am 27. Januar 1281 eine umwandelnde Christuserfahrung. Mit ihrer Leidenschaft, die bis dahin den humanistischen Studien galt, wendet sie sich von da an bedingungslos liebend der erlösenden und sich verströmenden Liebe Christi zu. Sie beginnt sich *einzulassen in einer ganz wachen Hingabe. Und ihre Bemühung wird belohnt durch die Gnade. Plötzlich nimmt sie wahr.*[36] Acht Jahre später beginnt sie aufzuschreiben, was sie sah, was sich ihr in dieser mystischen Christusverbundenheit zeigte.

Gertrud hat der Nachwelt zwei Werke hinterlassen: *Legatus divinae pietatis – Gesandter der göttlichen Liebe* und *Exercitia spiritualia – Geistliche Übungen.* Während Ersteres eine große Verbreitung erfährt, stehen die sieben geistlichen Übungen jahrhundertelang eher im Hintergrund. Die Benediktinerin Pia Luislampe aus der Abtei Dinklage nennt sie *ein Hauptwerk der Mystik*[37].

Ziel der Theologie Gertruds ist das Sich-Versenken in der Heiligen Schrift. Dabei bildet die Prägekraft der Feier der Liturgie den Rahmen und erweist sich als Angelpunkt der visionären Schau. Helfta wird für Gertrud zum Ort von Bildung, Gebet und Gottesbegegnung: In der Feier der Liturgie, im Rhythmus des Jahreskreises ereignen sich ihre Gebetserfahrungen, sie geht *so etwas wie eine Ehe ein mit den heiligen Texten. Ihr Herz steht im Einklang mit ihrer Stimme, wie Benedikt das vom psalmodierenden Mönch verlangt (RB 19,7).*[38]

Helfta ist zwar für Gertrud der Ort der ursprünglichen Gotteserfahrung und Lebenserfahrung, die Sendung führt sie jedoch weit über Helfta und ihre eigene Zeit hinaus. Die Benediktinerin und spirituelle Schriftstellerin Corona Bamberg schreibt: *Die Menschen sind dieser kontemplativen Nonne so wenig gleichgültig, wie sie Christus gleichgültig sind.* Sie wird vielen *eine ebenso bescheidene wie sichere Führerin zum Gebet und zum Leben im Geist. Ihre Mystagogie geschieht dabei nicht in lehrhafter Unterweisung oder gekonnter Methodik, sondern in diskreter Darreichung des Selbsterfahrenen mit allem, was das an Selbstentäußerung mit sich bringt.*[39]

Gertrud, die so beziehungsfähig auf der Erde lebt und den Himmel einbezieht, die in Helfta Heimat und in Mechtild von Hackeborn eine wichtige Freundin findet, erlebt und übersteht sowohl den Tod der Äbtissin Gertrud von Hackeborn im Jahr 1292 als auch den Mechtilds von Hackeborn 1299. In ihren Schriften berichtet sie davon. Sie kann sich auf alles einlassen, auch darin ist sie groß. Ihre Größe zeigt sich vor allem überall dort, wo der Mensch allein stehen muss in seinem Erfahren und Entscheiden. Aber ihre Größe ist keine »einsame Größe«, wie man das so sagt. Es ist eine Größe *mit* den Menschen und eine Größe *für* die Menschen. Vor allem aber gilt von ihr in Bezug auf Christus, was ein Buchtitel aus dem Jahr 1980 sagt: *In deiner Größe bin ich groß.*[40] Dies bezeugt auch die Wirkungsgeschichte ihres Werks, das sie so sehr zur Sendbotin der göttlichen Liebe gemacht hat. Ihre Spiritualität hat maßgeblich zur Formung der Herz-Jesu-Frömmigkeit beigetragen. *Alle Anrufungen der heutigen Herz-Jesu-Litanei sind in Gertruds Schriften zu finden.*[41]

Wenigstens ein Beispiel aus Gertruds Werk soll hier stehen: *Beim Responsorium »Preise« sah sie sich im Geiste an eine mehr als wunderbare Stätte, nämlich in das Herz Jesu, geführt, das wie ein Haus zubereitet schien, worin das Fest der Tempelweihe gefeiert werden sollte. Beim Eintritt wurde sie so beglückt, dass sie zum Herrn sagte: »Wenn du mich an einen Ort geführt hättest, wo deine Füße gestanden haben, so wäre das für mich mehr als genug. Was soll ich dir aber nun auf eine so staunenswerte Herablassung erwidern?« Der Herr antwortete: »Weil du dich bemühst, den besten Teil deines Lebens, dein Herz, mir öfter darzubieten, so gewähre ich dir meinerseits auch statt aller Wonne mein Herz, weil ich dir Gott bin, alles in allem.« Hierauf sagte sie: »Dass mein Herz jemals in irgendeinem Stücke mit dir übereinzustimmen vermochte, das war dein Geschenk.«*[42]

In der Benediktinerinnen-Abtei St. Gallenberg auf der Glattburg in der Schweiz befindet sich ein Gemälde aus dem Jahr 1774, das Gertrud von Helfta bei der eucharistischen Anbetung zeigt. Gertrud kniet an der Stufe des Altars, auf dem die barocke Strahlenmonstranz steht. Vom eucharistischen Brot geht ein Lichtstrahl in ihr Herz, in dem Christus, der Gottmensch geboren ist und lebt. Das Bild trägt die Inschrift: *Schaue auf das Vorbild und mache es nach.*[43] Der aus Liebe menschgewordene Christus ist das Vorbild Gertruds. Gertrud ist das Vorbild zunächst für ihre Schwestern – aber wenn ich will, kann auch ich mich von ihr ansprechen, mitnehmen und einbeziehen lassen.

Im fließenden Licht der Gottheit –
Mensch, Frau, Nonne werden
Mechtild von Magdeburg (1207–1294)

Keine Frau wird als Nonne geboren. Sie wird als Mensch geboren. Sie wird als Frau geboren. Und beides – sowohl das Menschsein als auch das Frausein – muss sich auch noch entwickeln. Wenn die Frau aufhört, eine Werdende zu sein, ist sie schon am Ende. Zu Anfang wird sie nicht gefragt, ob sie will. Im Laufe des Lebens wird man auch oft nicht gefragt, ob man will. Aber es gibt auch viele Momente, da ist man gefragt, in welche Richtung man gehen und werden will – und welchen Stil dieses Werden haben soll.

Nonne ist man nicht vom Beginn seines Lebens an, Nonne wird man später. Mögen die Lebenseinstiege auch verschieden sein und die Gründe sehr gemischt. Gertrud kommt mit fünf Jahren nach Helfta. Ich selbst bin 19, als ich ins Kloster eintrete. Hilda von Whitby beginnt diesen Weg »erst« mit 33 Jahren. Mechtild von Magdeburg kommt noch später ins Kloster nach Helfta ...

So verschieden Beginn und Umstände sein mögen, für jede geht es darum, im fließenden Licht der Gottheit als Nonne ein echt und voll und ganz liebender Mensch zu werden, der auf Gottes Liebe Antwort gibt. Die Antwort der Mechtild von Magdeburg auf Gottes Zuwendung ist faszinierend:[44]

O du gießender Gott in deiner Gabe!
O du fließender Gott in deiner Minne!
O du brennender Gott in deiner Sehnsucht!
O du schmelzender Gott in deiner Einung mit deinem Leib!
O du ruhender Gott an meinen Brüsten!
Ohne dich kann ich nicht mehr sein.

Geboren wird Mechtild zwischen 1207 und 1210 bei Magdeburg. Sie stammt aus einer wohlhabenden, vielleicht adeligen Familie. Der Stil ihrer Aufzeichnungen lässt darauf schließen. Seit ihrem zwölften Lebensjahr erlebt diese im Religiösen virtuose Frau Visionen. Mit etwa 20 Jahren verlässt sie ihr Elternhaus, *um in der Liebe Gottes zu leben* und in der Stadt Magdeburg Begine zu werden.

Das 12. Jahrhundert ist eine spirituell hoch lebendige und bewegte Zeit. In ihr öffnen sich viele Menschen in neuer Weise der Welt und dem Evangelium. Neue Orden entstehen, wie die Franziskaner und Dominikaner. Eine andere Lebensform entwickelt sich und blüht im Milieu der Laien- und Frauenspiritualität und dies vor allem in den Städten: das Beginenwesen. Auf alten Wurzeln gründend, entsteht es zuerst in Belgien, breitet sich dann aber rasch bis zum 13. Jahrhundert in ganz West- und Mitteleuropa aus.

Bei den Beginen handelt sich um fromme Frauen aus ganz unterschiedlichen gesellschaftlichen Schichten, die in der Nachfolge Christi ein eigenständiges, zunehmend auch sozial ausgerichtetes Leben führen, ohne an eine approbierte Regel oder einen Orden gebunden zu sein. (In der Stadt Köln gibt es beispielsweise zeitweise 200 solche Beginenkonvente.) Nach den Reformen des Konzils von Trient (1545–1563) setzt eine Verklösterlichung dieser Beginenhäuser ein. Mechtild von Magdeburg führt etwa 40 Jahre lang das Leben einer Begine, um auf diese Weise in der Liebe Gottes zu leben:

Das große Überfließen göttlicher Minne, das nie stille steht und immer weiter fließt, ohne Unterlass und Mühe, bewirkt, dass unser kleines Gefäß gefüllt wird und überfließt, wenn wir es nicht eigenwillig verstopfen.

»Haltet an, Frau Seele!«
»Was gebietest Du, Herr?«
»Leg alles ab.«
»Herr, wie soll mir dann geschehen?«
»Frau Seele, Ihr seid so sehr in mich hineingestaltet,
dass zwischen Euch und mir nichts sein kann …«

Geistlich geleitet werden die Beginen oft von Dominikanern oder Franziskanern, die Prediger und Beichtväter sind. In Magdeburg sind für Mechtild die Dominikaner, besonders Heinrich von Halle, geistliche Freunde von großem Einfluss. Auf den Rat ihres Beichtvaters hin beginnt sie, ihre Visionen – etwa 30 Jahre nachdem sie begonnen haben – niederzuschreiben. Heinrich von Halle sammelt Mechtilds Aufzeichnungen. Bis zum Jahr 1270 hat sie sechs Bücher eigenhändig niedergeschrieben, leidenschaftlich ausdrucksstarke Texte, die Heinrich von Halle mit Kapitelüberschriften versieht. Mechtild, des Lateinischen unkundig, schreibt in einem mittel-niederdeutschen Dialekt. Sie gehört zu den Frauen – wie etwa Hadewijch in Flamen oder

Marguerite Porète in Frankreich –, denen wir den Durchbruch zur muttersprachlichen Literatur verdanken.

Das niederdeutsche Original der Schriften Mechtilds ist verschollen. Bald nach ihrem Tod werden Mechtilds Schriften ins Lateinische übersetzt. Heinrich von Nördlingen überträgt Anfang des 14. Jahrhunderts das Original ins Alemannische. Ein Exemplar dieser Umschrift kommt in die vier Häuser der eremitischen Waldschwestern bei Einsiedeln in der Schweiz, wo es reihum gelesen wird. Nach Jahrhunderten, die nicht mehr rekonstruiert werden können, taucht der Text schließlich 1861 in der Stiftsbibliothek von Einsiedeln auf.

Die Theologie ist lange an Mechtild von Magdeburg vorbeigegangen. Hans Urs von Balthasar schreibt: *Es ist beschämend für die Zunft der Theologen, dass sie in mehr als siebenhundert Jahren seit Mechtilds Tod keine einzige ernsthafte Arbeit über diesen zweiten Höhepunkt der charismatischen Theologie des Mittelalters – nach Hildegard und vor Eckhart und seiner Gruppe – zuwege gebracht hat. Diese gewaltige Frau hat seit langem die Historiker und die Philologen in Atem gehalten, die aber wesensmäßig ihr glühendes Zentrum nur in weiten Bögen umkreisen können.*[45]

Mechtilds glühendes Zentrum ist die Liebe Gottes, die sich in sie ergießt, die sie zulässt und mit der sie ganz in Beziehung tritt. Mit ihrer Mystik durchmisst sie Höhen und Abgründe, leuchtende Erkenntnis und unauslotbare Geheimnisse. Aus der Liebe heraus nimmt sie das Leben ihrer Zeit wahr und wägt es ab. Das fließende Licht der Gottheit, das gewaltige Strömen der ewigen und personalen Liebe, die Himmel und Erde, Gott und Mensch zuinnerst verbindet und allem Ordnung und Ernst und Weite gibt, die frei bleibt und radikal Freiheit zumutet, hat in Mechtild ein hinreißendes Echo gefunden. *Die aufsteigende Sehnsucht und die sich neigende Demut und die fließende Minne, diese drei bringen die Seele vor Gott*, so schreibt Mechtild. Alles an ihr ist existenziell und radikal: Erfahrung, Reflexion, Gebet und jedes Wort.

So wie sie wach und frei in ihrer Persönlichkeit ist, so wach nimmt sie an Kirche und Welt teil und übt freimütig Kritik an den Missständen in der Kirche: Sie sieht Gläubige und Kleriker in Gefahr, Echtheit und Wesentliches zu verlieren und innerlich ausgehöhlt zu werden: *Manche gelehrte Leute sagen, sündigen sei menschlich. Ich konnte nie etwas anderes entdecken, als dass sündigen teuflisch sei. Menschlich ist: Hunger, Durst, Frost, Hitze, Angst, Sorge, Schmerz, Sehnsucht, Versuchung, Schlafen, Müdigkeit. Das hat Christus auf sich genommen, für uns, mit uns. Wäre Sünde nur menschlich, hätte auch Christus gesündigt, denn er war wahrer Mensch.*

Mechtild erregt Aufsehen. Wie so oft, trägt auch bei ihr die Mystik prophetische Züge. Weil sie den Finger auf Wunden legt und bisweilen sehr deutlich in ihrer Kritik und ihren Mahnungen ist, schafft sie sich Feinde und erfährt Misstrauen und Verleumdung. Das alles mag mit dazu beigetragen haben, dass sie um 1270 am Abend ihres Lebens ins Kloster der Zisterzienserinnen in Helfta eintritt und Nonne wird. Helfta war damals in seltener Dichte ein Zentrum von Bildung und Mystik. Auch wenn ihr die Art des dort gepflegten Studiums nicht liegt und sie des Lateinischen unkundig im Chorgebet sitzt, fügt sie sich in das Klosterleben ein. Sie ordnet sich der dortigen Regel unter, findet Gesinnungsgefährtinnen, Schwestern im Geist und pflegt Freundschaft mit Mechtild von Hackeborn und der späteren Gertrud der Großen. Ihnen diktiert sie das siebte Buch vom *Fließenden Licht der Gottheit.* Anfechtungen und Krankheiten haben ihr inzwischen zugesetzt. Himmel und Hölle hat sie berührt. Licht zu empfangen und Dunkelheit zu ertragen, hat sie gelernt und nicht aufgehört, der göttlichen Liebe zu trauen und zu antworten. *Die geordnete und geistig durchsichtige Minne ist höchstes Ziel, das aber nur durch Liebe und letzten Verzicht auf sich selbst erreicht werden kann: »Und wer in der Liebe stirbt, den soll man in Gott begraben«[46],* schreibt sie. Mechtilds Todesjahr ist ungewiss. Hochbetagt und nahezu erblindet stirbt sie vermutlich um 1294 im Kloster Helfta.

Mechtild ist nicht als Nonne geboren. Sie ist als Nonne gestorben. Zwischen dem kleinen Kind, als das wir geboren, und dem Mensch, als der wir sterben werden, liegt meist ein weiter Weg. Wie wir den Weg dazwischen gehen, hängt von vielem ab. Aber wir selbst sind immer in höchstem Maß beteiligt. Und es ist wichtig, wahrzunehmen, was aus uns werden soll, und dies wach mitzutun.

Verwalten und Sorgen
Salome von Pflaumern (1591/2–1654)

Verwaltung meint Sorge, verantwortlichen Umgang mit den Dingen, nicht Bürokratie. So sagt es die Regel Benedikts: Der Verwalter soll mit den anvertrauten Gaben und Werkzeugen so gut umgehen wie mit dem Altargerät und wie es dem göttlichen Gebot entspricht. Für die Verwaltung eines Klosters ist nicht nur Sachkenntnis wichtig – entscheidend gehören die Gottesfurcht und die Kenntnis des Evangeliums Jesu Christi mit dazu. Gewinn im klösterlichen Sinn sprengt den Rahmen jeder Bilanz. Letztgültiges Maß klösterlicher Gewinn- und Verlustrechnung ist das Evangelium, in dem Jesus seinen Jüngern und Jüngerinnen beispielsweise das Gleichnis von den anvertrauten Talenten vorstellt. Dieses Gleichnis ermahnt uns, mit allen Gaben so zu wirtschaften, dass sie sich mehren und entfalten können und dem Wachsen des Reiches Gottes dienen. Wir dürfen die Gaben weder brachliegen noch verkommen lassen, sondern sollen sie kreativ einsetzen – aber nicht fürs eigene Wohlbehagen, sondern für das Große und Ganze, in dem jeder ein Teil ist.

Notgedrungen hatte ich in unserem Kölner Kloster im vorigen Jahr neben dem Dienst der Leitung auch wieder die Verwaltung unseres Klosters zu übernehmen. In dieser Situation spricht mich natürlich – erschütternd, tröstend und ermutigend –

an, was das Leben der Salome von Pflaumern aufzeigt, die in Jahren großer Bedrängnisse auch eine Zeit lang beides tat – das stellt ihre Handschrift in den alten Rechnungsbüchern ihres Klosters unter Beweis.

Salome von Pflaumern ist die erste gewählte Priorin des Klosters zur heiligen Maria in Fulda. Dort im Kloster hängt auch das einzige Bild von ihr. Es zeigt *eine schmächtig wirkende Gestalt mit wachen, freundlichen Augen und einer energischen Mundpartie. Sie sitzt an einem Schreibtisch, ihre rechte Hand ruht auf einem Buch – das dürfte die Regel Benedikts sein – und neben ihr steht ein Tintenfass mit eingetauchter Feder.*[47]

Geboren wird Salome von Pflaumern 1591 oder 1592 in Sigmaringen in einer katholischen Adels- und Patrizierfamilie, die bei der Rekatholisierung Oberschwabens einen großen Einfluss ausübt. Von den 14 Kindern der Familie überleben neun das Kleinkindalter. Drei Töchter treten in Klöster ein, drei Söhne werden Geistliche. Ein anderer Sohn, Johann Heinrich von Pflaumern, Ratsherr in Überlingen, schreibt eine Geschichte des Dreißigjährigen Krieges. Über ihn wird 1989 ein Roman veröffentlicht.[48]

Im Jahr 1610 tritt Salome in das Benediktinerinnenkloster Kühlbach ein. Von dort erbittet Fürstabt Johann Bernhard von Fulda zur Unterstützung seiner Bemühungen um die katholische Reform personelle Hilfe für das junge Kloster in Fulda. So kommt Salome mit drei anderen Schwestern im September 1630 nach Fulda. Im Dezember des gleichen Jahres wird sie dort zur Priorin gewählt. Sie übt diesen Dienst 24 Jahre lang, bis zu ihrem Tod 1654, aus. Das Kloster zur heiligen Maria in Fulda wird 1626 im Rahmen der Gegenreformation gegründet.

Im Zuge der Reformation waren drei Benediktinerinnenklöster in den zum Fuldaer Reichsstift gehörenden Propsteien Zella, Fulda und Blankenau aufgelöst worden. Aus den Einkünften dieser ehemaligen Klöster sollte das neue Frauenkloster in Fulda seinen Unterhalt beziehen, denn es hatte keine eigenen Ländereien. Insgesamt sollten 40 Nonnen angesiedelt werden.[49]

Acht Jahre nach Beginn des Dreißigjährigen Krieges kommen vier Nonnen von Kloster Zella im Eichsfeld nach Fulda. Eine kleine Gemeinschaft wächst heran. Die vier werden aber schon 1630 wieder in Zella gebraucht und deshalb zurückgerufen. Zu dieser Zeit zählt der Konvent in Fulda bereits 14 Schwestern. Auf der Suche nach anderer personellen Hilfe kommt die Abtei Kühlbach ins Spiel und Salome von Pflaumern nach Fulda.

Auch wenn Fulda Durchgangsort für den Transport von Kriegsgütern und Truppen ist, kann sich die neue Gemeinschaft in den ersten Jahren ruhig entwickeln. Anfang 1631 zieht sie in ein neu erbautes Klostergebäude ein. Aber nach der gegen die Schweden verlorenen Schlacht der kaiserlichen Truppen im September 1631 ist die Stadt schutzlos den Kriegsereignissen ausgeliefert. Allein in diesem einen Jahr fliehen die Schwestern zweimal aus ihrem Kloster.

Ab 1632 regierte der Landgraf von Hessen in Fulda und versuchte gegen den Widerstand der Bevölkerung die calvinistische Religion einzuführen. Zu Beginn des Jahres 1633 wurden die katholischen Geistlichen in den Kirchen »abgeschafft«. Wenig später wurden calvinistische Prediger mit der Feier der Gottesdienste beauftragt und die Altäre in den Kirchen abgeräumt. Nur die Benediktinerinnen blieben unbehelligt.[50]

Die Schwestern erhalten sogar den zugesagten Unterhalt, und es gibt auch Spender, die das Kloster unterstützen, darunter die schwedische Königin M. Eleonore. Aber der Krieg geht weiter, die Sieger wechseln, und entsprechend wechseln die Besatzungen: kaiserliche, hessische, schwedische und französische Truppen. Sie alle verbreiten Drangsal und Unsicherheit. Immer wieder müssen die Schwestern – und mit ihnen Salome von Pflaumern – fliehen. Das letzte Mal im Jahr 1640. Als sie zurückkommen, finden sie Stadt und Kloster verwüstet und geplündert vor.

1648 kommen die Verhandlungen der Kriegsparteien im Westfälischen Frieden zu einem Abschluss. Danach kehrt so viel Ordnung ein, dass sich das Leben und das Kloster wieder entwickeln können. In diesen Jahren nun wird das Kloster wirtschaftlich unabhängiger und erhält Grundbesitz. 20 Jahre lang hat Salome von Pflaumern um das dem Kloster zustehende Einkommen hart kämpfen müssen, denn die Pröpste von Thulba, Zella und Blankenau versuchten, die 1627 geregelten Zahlungen zu verzögern, zu senken oder zu verweigern. Zahllose Briefe und Beschwerden hat Salome in dieser Sache geschrieben. Sie zeigt hierin starkes Selbstbewusstsein und einen ebenso enormen wie geduldigen Kampfgeist. Klar in der Sache, deutlich in der Sprache, wird sie aber nie ausfällig.

Nie werden die Briefe langweilig, sondern sie sind beeindruckend lebendig, und man merkt, dass sie ihre ganze Energie aufwendet, um für die Schwestern das Beste zu erreichen. Man lernt Salome vor allem als konsequente Verwalterin kennen. Ihre Hartnäckigkeit und Geduld, mit der sie sich für die Rechte des Klosters einsetzt, sind zu bewundern. Das kann ein Mensch nur, wenn er damit keine weltlichen, sondern geistige und geistliche Ziele ver-

folgt, wenn sein Leben nicht auf materiellem, sondern auf ideellem Grund steht.[51]

In den ersten Jahren führt Salome von Pflaumern selbst das Rechnungsbuch des Klosters, das Einblick in Alltagsleben und Kosten einer Gemeinschaft im 17. Jahrhundert gibt und die große Mühe widerspiegelt, mit der versucht wird, die Schulden des Klosters zu tilgen. Geistliche Dokumente wie Ansprachen oder Briefe sind von Salome kaum erhalten. Aber es lässt sich auch aus den überlieferten Dokumenten ein geistlich lebendiger Mensch mit einem dynamischen Führungsstil erkennen: In den Jahren unter ihrer Leitung hat bei all den Wirren des Konfessionskrieges keine Schwester die Gemeinschaft verlassen.

Unter den vorhandenen Quellen findet sich ein von Salome kopierter 600 Seiten starker Kommentar zur Benediktsregel aus dem Jahr 1610, den ein Kapuziner namens Hieronymus schrieb. Das zeigt, wie intensiv sie sich auf eigene Weise mit der Regel Benedikts befasst. Außer der Benediktsregel ist noch eine Lebensordnung überliefert, die nach 1635 eigens für den Konvent in Fulda geschrieben wird. Darüber hinaus ist noch ein Gebetbuch von Salome von Pflaumern erhalten, in das hinein sie auf den Innenseiten des vorderen und hinteren Buchdeckels eigenhändig je einen Satz geschrieben hat. Am Ende steht da: *Nach ausgestandenem Herzeleid schickt Gott auch wieder große Freud. Im Unglück hab einen Löwenmut, trau immer auf Gott, dann wird es wieder gut.*[52] Auf den vorderen Buchdeckel hat sie geschrieben: *Mich erfreut, was ewig bleibt: Liebe Gott und nichts dazu, so bleibt dein Herz in steter Ruh.*[53]

Wie Salome von Pflaumern ihre Gemeinschaft, für die zu sorgen sie als Auftrag Gottes angenommen hat, wach und fromm durch eine sehr unruhige Zeit leitet – ohne nachzulassen oder aufzugeben, ohne die geistige Spannkraft zu verlieren –, macht noch nach Jahrhunderten Mut.

Tradition und Zeitnähe –
eine Schule für den Dienst des Herrn
Mechtilde de Bar (1614–1698)

Neben der Tür meines Arbeitszimmers im Kloster hängt ein kleiner Kupferstich mit ihrem Bild. Immer wenn ich den Raum verlasse, schaut Mechtilde de Bar mich an, wach und freundlich. Diese Frau aus dem 17. Jahrhundert inspiriert mich, sie kann mich so gut in Frage stellen, sie macht mir so viel Mut, meinen Weg echt und treu zu suchen und zu gehen. Den mit ihrer schwungvollen Handschrift unter einen ihrer über 3000 Briefe gesetzten Wunsch »bon courage« brauche ich oft und nehme ich ganz persönlich an. Es fällt mir nicht leicht, all das, was ich von ihr gern weitersagen würde, in ein einziges Kapitel zu fassen. Jeder Abschnitt wäre mir ein Kapitel wert. Aber das würde den gesetzten Rahmen dieses Buches sprengen.

Das 17. Jahrhundert ist die Zeit, in der Rembrandt seine wunderbaren Bilder malt. In der Kunst blüht weithin der Barock, in der Philosophie beherrscht die Aufklärung das Feld. Der Dreißigjährige Krieg bringt Verheerungen und großes Elend über Europa. Bei den Herrschenden setzt der Absolutismus ein. In der Religion hat die Reformation die Gegenreformation hervorgerufen und den Pietismus im Bereich der Frömmigkeit. Dieses 17. Jahrhundert mit seiner Spannweite und seinen Gegensätzen gilt in der Spiritualitätsgeschichte als das *Goldene Zeit-*

alter der Französischen Mystik. Es ist die Lebenszeit Mechtildes de Bar. Mechtilde wird 1614 in Lothringen in einer Juristenfamilie geboren. Mit 17 Jahren tritt sie bei den Annuntiatinnen in Bruyères ein, wo sie wenige Jahre später schon als Oberin Verantwortung übernimmt. 1633 beginnen die durch den Dreißigjährigen Krieg bedingten Jahre der Flucht, die sich mit Unterbrechungen über 20 Jahre erstrecken. In dieser bewegten Zeit kommt Mechtilde mit den verschiedenen spirituellen Orten und Personen in Berührung, wie mit der Abtei Montmartre in Paris oder den normannischen Mystikern um Jean de Bernières.

Bereits 1640 wechselt sie den Orden und wird in Rambervillers Benediktinerin. Leben in äußerster Armut in diesen kriegsgebeutelten Jahren und große Wachheit in den spirituellen Aufbrüchen dieser Zeit prägen die Gemeinschaft. Im Jahr 1651 kommen sie in Paris in ein ärmliches Haus in der Rue du Bac. Hier beginnt jene Bewegung, von der Mechtildes zweite Lebenshälfte bestimmt wird. All die Impulse, die dieser offene und empfängliche Mensch in den vergangenen Jahrzehnten aufgenommen hat, wachsen nun in ihr zu einer sehr persönlichen Synthese zusammen. Und als das Thema der Neugründung eines benediktinischen Zweiges mit ewiger Anbetung durch Menschen aus ihrem inzwischen großen und einflussreichen Freundeskreises und eine entsprechende Stiftung der Königin Anna von Österreich an sie herangetragen werden, gründet sie, unterstützt durch die damalige benediktinische Reformkongregation der Mauriner, in Paris die Benediktinerinnen von der ewigen Anbetung des Heiligsten Sakramentes. Bis zu ihrem Tod im Jahr 1698 wächst dieser Zweig auf zehn Klöster an, neun in Frankreich, eins in Polen.

Benediktinisches Leben ist immer auch traditionsverbunden. An manche mittelalterliche Traditionen knüpft Mechtilde an, beispielsweise durch die Rolle, die der Gottesmutter Maria in der Gemeinschaft zukommt. Die Tradition ist ein Schatz. Aber dessen Kostbarkeit leuchtet nur, wenn Tradition und Zeitnähe miteinander verbunden sind. Dass jede echte Zeitnähe manches Zeitgebundene beinhaltet, ist unvermeidlich und schadet nicht. Zeitnähe muss dabei nichts mit oberflächlicher Anbiederung zu tun haben. Das Leben »am Puls der Zeit« kann vielmehr helfen, im Vertrauen auf Gottes lebendige Gegenwart den fließenden Strom der Tradition mit freiem Herzen auf das Heute hin zu aktualisieren. Mechtilde ist verwurzelt in der Grundform benediktinischer Spiritualität, dem inneren Gebet in der Gegenwart Gottes. Aus dieser Grundhaltung heraus geht sie die Themen ihrer Zeit sowie theologische Themen an: Krieg, Reformation, Gegenreformation, Inkarnation, Tod und Auferstehung, Sünde, Erlösung und Bekehrung und Stellvertretung. In diesem Sinn nimmt sie die damals aktuelle Idee und Form der Ewigen Anbetung auf. In den alten Strom der Tradition der eucharistischen Frömmigkeit stellt sie diese junge Form, die sich in den neuen Strahlenmonstranzen des Barock ausdrückt. Diese sind auf alten Stichen aus dieser Zeit heute noch zu sehen und waren damals zeitnahe Gefäße für Gottes ewige Liebe.

Was Tradition bedeutet und was es heißt, diese lebendig zu leben, weiterzugeben und immer neu und gern zu übersetzen, habe ich bei Mechtilde verstehen gelernt. In ihrem theologischen Denken ist Mechtilde de Bar ganz christusbezogen. Sie fühlt sich von seiner Menschwerdung und seiner erlösenden Liebe, die vor Leid und Tod nicht zurückschreckt, ganz angezogen. In der

Schule der französischen Mystik lernt sie, sich in die Daseins-
weisen des Menschen Jesus einzulassen und mit ihm zu leben.
Das ist ihr Weg, an der Verherrlichung Gottes und der Erlösung
und Bekehrung der Welt mitzutun. Christliche Spiritualität ist
immer Taufspiritualität, denn durch die Taufe sind wir alle in
Christus und seine Wirklichkeit hineingenommen. *Geistliches
Leben bedeutet an erster Stelle, die eigene Taufe zu leben und leib-
haftig zu verwirklichen in dem konkreten Kontext, in den ein jeder
gestellt ist. Das ist ein Prozess, ein Weg.*[54]

Wahrzunehmen, was sich tut, und fähig zu sein, darauf zu
reagieren, sind wichtige Themen im spirituellen Leben jeder Religion. Besonders gilt das aber vom trinitarischen Grundansatz
des Christlichen. Gelebtes Christsein kann nur im Dialog reifen.
Die dialogische Grundstruktur liegt uns im Wesen. Und doch
bleibt echter und wesentlicher Dialog immer auch eine lebenslange wirkliche Herausforderung. – *Mechtilde wird mit ihrem
Charisma, die Wahrheit eines Menschen zu erspüren und lehrend
und mütterlich auf dem Weg zu dieser Wahrheit und zu Gott, der
durch sie ruft, zu begleiten, zu einer geistlichen Führungspersön-
lichkeit von großer Ausstrahlung.*[55] Dabei ist sie klar im Inhalt,
nüchtern im Verstand und weiblich in ihrer Art. Auch im Blick
auf sie kann man sagen: *Dem Weiblichen ist die ganze Dimension
von Zärtlichkeit, Feingefühl, Vitalität, Tiefe, Innerlichkeit, Gefühl,
Rezeptivität, Schenkung, Achtsamkeit und Wärme zuzurechnen, die
in der menschlichen Existenz sowohl des Mannes als auch der Frau
ihren Ausdruck sucht. Die angedeuteten Eigenschaften finden ihren
letzten Grund in Gott selber ...*[56]

Der gängige Begriff für die geistliche Epoche, in der Mechtilde de Bar lebt, heißt »école de spiritualité« – »Schule der Spiri-

tualität«. Ich finde, er passt außerordentlich gut zu ihr, die darin ganz in der Linie Benedikts steht, der in seiner Regel schreibt, er wolle *eine Schule für den Dienst des Herrn* (RB Prolog 45) gründen. Das Wort von der Schule ist ebenso nüchtern wie hilfreich – im 6. Jahrhundert, im 17. Jahrhundert und auch heute. Denn auch ich habe immer noch jeden Tag zu lernen.

Benedikt von Nursia wie Mechtilde de Bar geht es um Menschen, die immer wieder anfangen, mit sich selbst und miteinander im Haus Gottes zu lernen. Es geht um Menschen, die unbeirrt üben und dabei die Richtung halten. Dabei geht es nicht um eine Gemeinschaft von Könnern und Perfektionisten, sondern um eine Gemeinschaft von Menschen, die mit ganzem Herzen suchen, sich einbringen und mit leidenschaftlicher Geduld üben, wach und immer neu ihre Schritte unter der Führung des Evangeliums (vgl. RB Prolog 21) zu setzen, wie es dem Willen Gottes entspricht.

In der Schule und Pädagogik des 17. Jahrhunderts war der geistliche Brief das vorrangige Mittel von Einzelseelsorge und Begleitung. Erfreulicherweise sind uns von Mechtilde de Bar 3140 Briefe bekannt und erhalten geblieben.[57] Mag sein, dass man sich erst einlesen muss in die Tonart dieses Jahrhunderts, wie in den Dialekt einer anderen Landschaft, in der man nicht zu Hause ist. Aber zwei Auszüge aus diesen Briefen sollen doch hier am Ende stehen:

Ich rate Ihnen am Anfang dieses neuen Jahres ernsthaft, die Bewegungen Ihres Herzens zu beobachten, um sie Gott zuwenden zu können durch Reinheit der Absicht, ohne sich von einem anderen Motiv leiten zu lassen als seiner reinen Liebe, seinem göttlichen Willen und seiner Ehre. Erinnern Sie sich an das Evangelium, das sagt:

*»Wenn dein Auge einfach ist, wird dein ganzer Körper Licht sein.«
(Mt 6,22) Das einzige Mittel, um die Finsternis zu vermeiden, ist
zu gehen, solange wir das Licht haben. Folgen wir dem Stern, der
uns wie die Weisen nach Bethlehem führt ... Er fordert nicht nur
unsere Anbetung, sondern will, dass wir ihm nachfolgen, dass wir
uns ganz in seine göttlichen Hände hinein verlieren und so den
Eingebungen seiner Gnade folgen.*[58]

Einen anderen Brief, den sie 1678 an eine Schwester
schrieb, die sehr unter großer Traurigkeit litt, und der mir ziem-
lich weise in seiner Mischung von Annahme und Herausforderung, Klarheit und Geduld zu sein scheint, schließt sie: *Mut!
Lassen Sie nicht nach, was auch immer Ihnen begegnen mag. Tau-
send Grüße.*[59]

Das Unvollkommene wagen –
das Vollkommene abwarten
Josephine von Fürstenberg-Stammheim (1835–1895)[60]

Es gibt Augenblicke und Phasen – sei es im großen Weltzusammenhang, sei es im persönlichen Leben, sei es im Leben einer Klostergemeinschaft mit allem inneren und äußeren Aufbau und Weg –, da türmen sich die Themen, Fragen und Probleme wie Wellenberge auf, die einen zu überrollen drohen. Mir scheint, solche Augenblicke sind unvermeidlich. Dann ist es wichtig, sich am wenigen wirklich Wichtigen zu orientieren und alles andere erstmal einfach laufen zu lassen, wie es kommt.

Wenn ich in Bezug auf unser Kloster und die Gemeinschaft, die darin wohnt, solche Augenblicke erlebe, gehe ich manchmal in den Garten und stehe eine Weile am Grab von M. Josephine von Fürstenberg-Stammheim, der Gründerin unseres Kölner Klosters. Sie hat nicht lange darin gelebt und ist tatsächlich keinen Schritt mehr darin auf eigenen Füßen gegangen. Drei Wochen nach dem Einzug der Schwestern ist sie im September 1895 gestorben. Bewegen konnte sie sich in diesen drei Wochen nur in einem Rollstuhl mit eisenbeschlagenen Holzspeichenrädern, der seit Kurzem im Archivraum unseres Klosters Aufstellung gefunden hat. Darin hat man Josephine von Fürstenberg-Stammheim noch durch das neue Kloster gefahren. Das war auch bis zu ihrem Tod nicht fertig, erst sieben Jahre später konnten die erforderlichen Geldmittel für den letzten Flügel aufgebracht werden. Dennoch ist unser Kölner Kloster ein wichtiger Teil ihrer großartigen Hinterlassenschaft, Neugotik pur und ein weiter Raum mit einem grundgesunden Konzept, das genug Platz und Spielraum lässt und in das sich schon einige ganz verschiedene Generationen gestaltend einbringen konnten.

Dabei scheint im Leben der Josephine von Fürstenberg-Stammheim wenig geradewegs gelungen zu sein. Das will ich kurz skizzieren. Als sie stirbt, ist sie gerade einmal 60 Jahre alt. Die Leber und das Asthma machten ihr viele Jahre schwer zu schaffen. Aber auch angeschlagen, wie sie war, hat sie immer wieder gewagt, einen Schritt nach vorn zu gehen, sie hat immer wieder den Mut gehabt, das Unvollkommene zu beginnen. Und auch, was ihr nicht gelang oder nicht blieb, war kein schnell zusammengeschustertes Flickwerk. Wenn ich diesbezüglich auf unser Kloster schaue, stelle ich fest: Alles hat Linie (wenn auch keine ganz gerade ist), alles ist zweckmäßig, aber nie nur zweckmäßig, und was Josephine bauen ließ, blieb vielleicht unfertig, war aber immer solide und gut konzipiert.

Deshalb kann ich als Frau des 21. Jahrhunderts manches lernen von dieser Frau des 19. Jahrhunderts. Im Blick auf Josephine von Fürstenberg-Stammheim kann ich Mut fassen für das, was heute ansteht: Mut zu wagen, was es zu wagen gilt.

Geboren wird Josephine im Jahr 1835 als Tochter des Grafen Egon von Fürstenberg-Stammheim und seiner Frau, Gräfin Paula von Romberg-Bünninghausen. Gegen die Bedenken ihrer Eltern tritt sie mit 22 Jahren in das erst vor Kurzem gegründete Kloster der Benediktinerinnen vom Heiligsten Sakrament in

Osnabrück ein. 1857 beginnt sie ihr Noviziat und bleibt den unauslöschlichen spirituellen Impulsen, die sie dort empfängt, ein Leben lang treu. In ihrem Noviziat entzündet ein Funke in ihr gleichsam ein Feuer, das durch nichts, was danach kommt, ausgelöscht werden kann. Wenig später schon siedelt Josephine auf Drängen ihrer Oberen und ihrer Familie in das eben erst gegründete Kloster der Benediktinerinnen vom Heiligsten Sakrament nach Bonn über. Da dessen Gründerin Mechtilde Scott zeitweise drei Klöstern gleichzeitig vorsteht, kann sie sich logischerweise um vieles nicht in guter Weise kümmern. Am 9. Dezember 1858 legt Josephine als erste Schwester in Bonn die Profess ab, macht ihr Schulexamen, unterrichtet die Mädchen in dem zum Kloster gehörigen Pensionat und wird bald zur Novizenmeisterin ernannt. Im Alter von 28 Jahren wählt der Konvent sie zur Priorin. Er hatte turbulente und unruhige Anfangsjahre hinter sich. Unter Josephine gelingt dann, was die Chronik »Neuanfang und Aufblühen« nennt.

Schwierigkeiten, die sich zuerst aus der Lage des Bonner Klosters und dann zunehmend auch aus langfristig unterschiedlichen Sichtweisen und Auffassungen in der Gemeinschaft ergeben, führen dazu, dass Josephine im Jahr 1872 eine Niederlassung in Viersen am Niederrhein gründet. Im Januar 1875 wird diese selbstständig. Schon im Mai des gleichen Jahres stellen die preußischen Kulturkampfgesetze die Frauenorden vor die Alternative, sich aufzulösen oder auszuwandern. Die Gemeinschaft um Josephine übersiedelt deshalb im Oktober des gleichen Jahres ins niederländische Tegelen und beginnt dort von Neuem. Während dieser Jahre mit all den Aufbrüchen, mit dem Wachsen und Scheitern, ist Josephine oft krank. Manches Mal lassen

Asthmaanfälle sie dem Tod nahekommen. Aber noch stirbt sie nicht. Erst läuft sich der Kulturkampf tot. Danach werden auch in Deutschland wieder Klostergründungen möglich. Schließlich nimmt Josephine die Bitten auf, in denen man sie drängt, nach Deutschland zurückzukehren und dort ein Kloster aufzubauen. Ihre Kämpfernatur geht inzwischen mit Geduld und Gottvertrauen Hand in Hand. Zeitlebens können sie weder politische noch finanzielle noch gesundheitliche Grenzen ganz aufreiben. Sie bricht bis zum Schluss immer wieder auf. Und als sie zu schwach ist zu laufen, lässt sie sich in einem alten Rollstuhl fahren.

In der Domstraße in Köln kaufen die Schwestern im Jahr 1890 ein Haus. Von dort aus verwirklicht Josephine die Pläne für ihren letzten Klosterneubau, nun in Köln-Raderberg. Damals lag der Platz noch vor der Stadt. Heute hat die Stadt das Kloster längst eingeholt und in die Arme genommen. 1894 wird der Grundstein für das Kloster gelegt, im August 1895 ziehen die Schwestern ein. Drei Wochen später stirbt Josephine von Fürstenberg-Stammheim.

Nun liegt sie hier im Klostergarten begraben. Sie lebt nun in anderen Räumen Gottes. Aber wir hüten ihre Gebeine. Und manchmal gehe ich zum Grab, um mit ihr zu reden und von dort aus und aus ihrer Perspektive auf meine aktuellen Themen und Probleme zu sehen. Danach sehe ich nicht immer mehr, aber fast immer sehe ich klarer. Danach habe ich längst nicht immer eine Lösung, aber fast immer neuen Mut und neue Bereitschaft zur Geduld. Und dort, wo ich nicht einmal den nächsten Schritt erkenne, erfahre ich im Schatten ihres Grabes die Gewissheit, dass ich ihn wagen werde, sobald ich ihn sehe.

Manchmal ist es fast so, als flüstere sie mir von irgendwoher ins Ohr: »Auch von dem, was du zu leben hast, muss nichts fertig werden. Vollendung ist nicht Menschenwerk. Menschenwerk ist: Mittun und anfangen, das Unvollkommene im Blick auf Gott zu wagen – und die Vollendung abzuwarten.«

Herkunft und Sendung

Gertrud Leupi (1825–1904)

Herkunft und Sendung eines Menschen hängen untrennbar zusammen und gehen ein Leben lang Hand in Hand. Aber das Verhältnis zwischen Herkunft und Sendung gleicht nicht etwa Nuss und Kern, wobei der Kern ganz im Gehäuse der Nuss geborgen wächst und reif wird. Eher gehören Herkunft und Sendung so zusammen wie Steg und Sattel einer Gitarre, zwischen denen die Saiten gespannt sind. Nur in diesem – im wörtlichen Sinn – »spannungsreichen« Zueinander können die Töne und Akkorde entstehen, wenn jemand darauf spielt und er so die Saiten über einem Resonanzraum zum Schwingen bringt.

Die Sendung eines Menschen ergibt sich nicht aus seiner Herkunft, sie ergibt sich christlich verstanden aus der Berufung Gottes. Aber dieser Gottesruf pflanzt sich ein in das ganz eigene »Lebensland« der persönlichen Herkunft und nährt sich aus dessen Bildern und Brechungen, Begegnungen und Erfahrungen, ohne darin letztlich aufzugehen.

Geboren wird Gertrud Leupi 1825 in Wikon, im Kanton Luzern, als fünftes von sieben Kindern. In der Familie erhält Gertrud, die als geistig und religiös aufgewecktes Kind beschrieben wird,[61] ihre erste christliche Formung vor allem von der frommen Mutter. Von klein auf begegnet sie zugleich Priestern, die ihren Weg seelsorglich begleiten und stützen. Vielleicht war sie manchmal sehr auf eine solche Unterstützung angewiesen. Mag sein, dass sie diese gebraucht hat, wie manche Pflanzen den Stab, damit wachsen darf, was wachsen kann. Das kann – so oder so – sehr fruchtbar sein und schön, wie der Schatz, von dem Paulus schreibt, dass wir ihn in zerbrechlichen Gefäßen tragen (vgl. 2 Kor 4,7).

1846 zieht die Familie mit Gertrud nach Luzern, dort erkennt sie ihre Berufung zum benediktinischen Leben. Ihre Eltern sperren sich zunächst dagegen, aber 1848 kann sie in das 1830 gegründete Institut der Baldegger Schwestern eintreten, wo sie die Benediktiner von Engelberg kennenlernt. Gertrud wird als Lehrerin ausgebildet und arbeitet seit 1831 an der Mädchenschule im Kloster Engelberg und in der dortigen Armenanstalt. In diesen Jahren begleitet sie eine starke Sehnsucht zur Gründung einer benediktinischen Gemeinschaft mit Ewiger Anbetung.

Die Unruhen um den Sonderbundkrieg, dem Schweizer Bürgerkrieg, in dem sich liberale, mehrheitlich reformierte und konservative, mehrheitlich katholische Kräfte und Kantone 27 Tage kriegerisch gegenüberstehen – die letzte militärische Auseinandersetzung auf schweizerischem Boden –, setzen dem Baldegger Institut 1853 ein vorläufiges Ende. Die liberale Regierung weist die Schwestern aus. So entsteht die benediktinische Gemeinschaft in Cham, Kanton Zug. Mit Hilfe des späteren Engelberger Abtes Anselm Villinger (1825–1901), der ihr lange Jahre zur Seite steht – insgesamt 233 seiner Briefe an sie werden im Archiv von Wikon verwahrt –, erfolgt Gertrud Leupis Lösung von Baldegg. Im September 1857 kommt sie mit fünf anderen Schwestern von Engelberg nach Maria-Rickenbach. 1858 wird sie die erste gewählte Leiterin und gilt als eigentliche Gründerin des Klosters. Die Kantonsregierung gibt 1864 ihre Einwilligung zum Kloster unter der Bedingung, dass zehn bedürftige Kinder dort im 1859 errichteten Mädchenpensionat unentgeltlich erzogen werden. Dieses Pensionat besteht bis 1981.

Langsam tritt dort Gertruds Sendung deutlicher hervor. Die Sendung eines Christen wächst ihm ja auf zwei Weisen zu: von innen und von außen. Innerlich fühlt sich Gertrud ganz zur Ewigen Anbetung in einem benediktinischen Leben gedrängt. Der Unterricht und die Schule kommen ihr von außen nahe. Beides zusammen wird ihren Lebensauftrag, ihr benediktinisches Lebenszeugnis prägen.

Aus armen Anfängen entwickelt sich das Kloster unter Gertruds Leitung sowohl personell als auch baulich rasant. Viele Frauen treten in die neue Gemeinschaft ein, sodass man 1874 unter der Leitung von Schwester Anselma Felber (1843–1883) eine Gründung in Clyde, Missouri, in den Vereinigten Staaten von Amerika unternimmt. In Europa gibt es in dieser Zeit einen starken missionarischen Aufbruch. Die Mönche von Conception, Missouri, einer 1873 erfolgten Gründung der den Schwestern eng verbundenen Schweizer Abtei Engelberg, hatten um Schwestern gebeten, damit sie Schulen für die Kinder, besonders auch für die deutschsprachigen Auswanderer, errichten könnten. Nachdem Gertrud Leupi ihr Leitungsamt nach 21 Jahren abgegeben hat, zieht sie selbst 1879 in die USA und gründet ein weiteres Kloster der Benediktinerinnen von der Ewigen Anbetung, das sich 1887 in Yankton ansiedelt. Sie wird eine enge Mitarbeiterin von Bischof Martin Marty OSB (1834–1896). Er hat über ein Jahr bei den Sioux gelebt und nimmt leidenschaftlich an deren Schicksal Anteil. In seinen Dienst stellt sich Gertrud Leupi mit ihren Schwestern. In den Indianerreservaten werden mehrere Stationen errichtet. Es sind stürmische Jahre. Gertrud ist engagiert, tüchtig und vernünftig, aber nicht risikoscheu.

Als das Bistum Dakota – zehnmal so groß wie die Schweiz – in zwei Diözesen geteilt wird und Bischof Marty 1889 nach Sioux-Falls umzieht, fühlt Gertrud sich dies allem kräftemäßig zunehmend weniger gewachsen, zumal sie seit 1887 mit einer angeschlagenen Gesundheit zu kämpfen hat. Bischof Marty gilt als Genie in der Anpassung der europäischen Traditionen an die neuen, amerikanischen Verhältnisse. Für Gertruds Persönlichkeit ist das hingegen eine der schwierigsten Herausforderungen. 1891 kehrt sie in die Schweiz zurück. Der Konvent von Yankton zählt zu dieser Zeit bereits 66 Schwestern und sieben Kandidatinnen.

Nach Maria-Rickenbach kehrt sie nicht zurück. Mit Hilfe ihres Neffen, des Priesters Josef Leupi, erwirbt sie in ihrem Heimatort Wikon das alte Schloss. Sie gründen dort das Missions- und Erziehungsinstitut Marienburg, ein weiteres Benediktinerinnenkloster, in dem junge Frauen für die Missionsarbeit in Amerika ausgebildet werden. Von dort aus ist Gertrud Leupi 1904 durch den Tod zu Gott heimgegangen. Gertrud Leupi ist mir eine leidenschaftliche, konkrete Schwester, die ihr Leben und ihre Sendung angenommen hat, ohne zu glauben, perfekt sein zu müssen. Sie hat ihren Dienst – die erlebten Möglichkeiten und auch die erlebten Unmöglichkeiten – angenommen, ohne ihren menschlichen Grenzen zu großes Gewicht beizumessen. Das Hauptgebot der Gottes- und Nächstenliebe war das Zentrum ihres Lebens. Zu lieben lernt jeder Mensch nur dadurch, dass er Liebe übt.

Gertrud hat sich vom großen »Für Jesus« in der Eucharistie prägen lassen und sich entschieden, dieser Spur durch ihr Lebensland zu folgen. Dieses »Für« ist ihr Quelle von Lebenskraft und Einsicht für Gottesdienst und Nächstenliebe geworden, egal, wo es in ihrem Leben hinging, egal, wie es kam und sie traf.

Innen und Außen
Hildegardis Wulff (1896–1961)

Als ich im zweiten Schuljahr war, fragte uns unsere Lehrerin, was wir später werden wollten. Ich sagte: »Schwester.« »Dann«, meinte sie, »sind zwei Dinge wichtig: Beten und Mission.« Später habe ich ihre Worte lange vergessen. Aber sie kamen wieder, und ich lernte ihre Antwort als Weisheit zu schätzen: Beten und Mission – Innen und Außen – gehören zusammen. Lange verstand man Mission vorwiegend als Christianisierung fremder Völker in fremden Ländern. Heute verstehen wir darunter, an allen Orten dieser Welt missionarisch Kirche zu sein. Eine ähnliche Haltung hatte auch Hildegardis Wulff zu ihrer Zeit schon: Die innere und äußere Form und Haltung bedingen sich gegenseitig. Wo im Religiösen nicht beides lebendig ist, verkümmern Leben und Zeugnis.

Im Jahr 1920 begegnen sich Liselotte Wulff, die spätere Schwester Hildegardis, und Maria Föhrenbach, die bereits vom Gedanken der Neugründung einer benediktinischen Frauenkongregation bewegt ist, zum ersten Mal. Die liturgische Bewegung und das soziale Engagement in der Zeit nach dem Ersten Weltkrieg bewegen damals viele Katholikinnen und Katholiken. Lieselotte Wulff und Maria Föhrenbach schließen sich mit anderen Frauen in Freiburg zu einer Gruppe zusammen. Ihre Gemeinschaft stellen sie unter das Patronat der heiligen Lioba

(710–782), *einer mutigen selbstbewussten, liebenden und liebens-würdigen Frau von großer Entschluss- und Tatkraft. Sie lebte ganz aus der Kraft des Evangeliums und hatte ein starkes Sendungs- und Missionsbewusstsein.*[62]

Auch die Liobaschwestern – wie sie sich später nennen – leisten nun in ihrem glühenden und gläubigen Engagement mit dem ganzheitlichen Ansatz ihrer Werke und Tätigkeiten in mancher Hinsicht Pionierarbeit in den Bereichen Pädagogik und Schule, Pastoral und Lehre. Aber es gibt in ihrer Zeit keinen schon gebahnten Weg, sie müssen ihn erst mühsam frei machen und eine neue Form benediktinischer Frauengemeinschaft su-chen und gestalten. Die kleine, aber wachsende Gemeinschaft wird wohlwollend angenommen und gestützt von Beuroner Be-nediktinern, bei denen sie eine kirchlich anerkannte Form als Beuroner Oblaten-Gemeinschaft findet. Im März 1927, als end-lich die Anerkennung als Benediktinerinnen-Kongregation aus Rom kommt, gibt es bereits 23 Liobaschwestern.

Ich bin tief beeindruckt von der geistlichen und berufli-chen Kompetenz und Kreativität dieser benediktinischen Ge-meinschaft. Die Wurzeln dieses »Lioba-Baumes«, der Zweige und Krone wach und liebesfähig in die heutige Wirklichkeit streckt, reichen tief in das alte, mönchische, christliche Lebens-wissen hinein.

Liselotte Wulff, die spätere Schwester Hildegardis, gilt als Mitgründerin der Gemeinschaft. Geboren wird sie 1896 in Mannheim und wächst als Älteste von drei Kindern in einer liberalen, protestantischen Großkaufmannsfamilie auf. Bildung, Kultur, Reisen gehören dort zum normalen Leben. Schon früh fühlt sich Liselotte vom Katholizismus und vom Klosterleben angezogen. Bereits 1916 nimmt sie Kontakt zur Benediktine-rinnenabtei St. Hildegard in Eibingen auf, wo sie 1918 in die katholische Kirche aufgenommen wird. Sie studiert Germanistik, mittelalterliche Kirchengeschichte und Kirchenrecht und promoviert 1920. Danach tritt sie bei den Zisterzienserinnen in Lichtenthal ein. Aber sie erkennt bald, dass dieses Leben sie zu wenig in Berührung mit den Menschen ihrer Zeit – mit ihren Fragen und Nöten – bringt. Sie verlässt das Kloster wieder.

Was Liselotte innen bewegt, sucht nach einer anderen Gestalt. Entscheidend wird für sie die Begegnung mit Maria Föhrenbach, deren Vision einer neuen benediktinischen Gemeinschaft sie ohne zu zögern teilt und deren Persönlichkeit sie anzieht. Mit ihr wird sie 1921 im Auftrag der sich bildenden Gemeinschaft nach Eibingen geschickt, um dort mit Blick auf eine neue Gemeinschaft das Noviziat anzutreten. Sie erhält den Klosternamen Hildegardis. Als aber 1921 Rom die geplante neue Gemeinschaft ablehnt, muss Hildegardis nach Freiburg zurückzukehren. Sie gibt dort Konvertitenunterricht und unterrichtet an der Sozialen Frauenschule. Über Schülerinnen hört sie dort von Temesvár im Banat in Rumänien. Nach einigen Vorträgen dort wird ab 1929 Temesvár ihr Wirkungsfeld. Sie engagiert sich im Auftrag des Bischofs in der Jugend- und Familienarbeit und in den Bereichen Soziales und Kultur.

Obwohl Hildegardis fast jedes Jahr nach Deutschland zu Besuch kommt, wird ihr ihre alte Heimat immer fremder. Der Kriegsausbruch 1939 lässt die Verbindung zwischen dem Priorat in Temesvár und dem Mutterhaus in Freiburg ganz abbrechen. Bisher war sie es, die aktiv die Außengestalt ihres benediktinisch-apostolischen Lebens gesucht und geformt hat.

Jetzt verlagern sich die Gewichte. Zunehmend wird Hildegardis gleichsam zum Sauerteig, der in den ganzen Teig hineingeknetet seine Wirkung entfaltet.

Erst erschweren die deutschen Nationalsozialisten Leben und Arbeit, ab Kriegsende sind es dann die Kommunisten. 1949 wird der Orden aufgelöst. Sr. Hildegardis, die seit einigen Jahren rumänische Staatsbürgerin ist, wird verhaftet und 1951 wegen Hochverrat zu 25 Jahren schwerem Kerker verurteilt. Bis zu ihrer Freilassung vergehen neun Jahre in fünfzehn verschiedenen Gefängnissen. Am längsten ist sie – zeitweise in Einzelhaft, zeitweise mit anderen zusammen – als Schwerverbrecherin in einem dunklen Raum im geheimen Sicherheitstrakt im Frauengefängnis in Mislea, einem ehemaligen orthodoxen Kloster, untergebracht.

Während der unendlichen Tage der Gefangenschaft erzählte Sr. Hildegardis ihren Mitgefangenen stets aus der Fülle ihres Wissens über Religion, Geschichte, Mythologie und Biographien und fand teilweise selbst in den bewachenden Soldaten aufmerksame Zuhörer.[63] 1959 wird sie schließlich freigelassen und kehrt nach Freiburg zurück. Wenige Wochen später schreibt sie in einem Rundbrief mit dem Titel »*Gott ist alles und das Gegenteil*« an ihre Schwestern:

Gott wollte sich neue Gebetsstätten schaffen, wo man nicht aus aller Ruhe und Schönheit, aus einem geordneten und geruhsamen Leben heraus, betet. Gott will neue Gebete, neue Opferstätten und Menschen, welche ihm mit Blut und viel Tränen lobsingen. Er will die Intensität des Leidens mit dem Gebet vereinen«[64]

Im Zuchthauskrankenhaus war Hildegardis unter unmenschlichen Bedingungen operiert worden, schwer krank kommt sie aus der Gefangenschaft. Nach etwa einem Jahr im Mutterhaus bricht sie trotz angeschlagener Gesundheit nach Kanada auf, wo die Liobaschwestern seit 1951 tätig sind. Dort will sie sich um die Banater Flüchtlinge kümmern. Dort schreibt sie auch die fast 200 Seiten starke Geschichte von St. Lioba, den *Canadischen Brief.* Ohne Archivmaterial schöpft sie dabei aus Herz und Erinnerung. Es kommt ihr darauf an, *aus der Vergangenheit in die Gegenwart zu wirken, in den Leuten neu Interesse, Hoffnung, Freude, Eifer zu erwecken.*[65] Nach vier Monaten in Kanada zeigt sich, dass sie an Brustkrebs leidet. Im Frühjahr 1961 kommt Hildegardis nach Deutschland zurück, wo sie im Oktober des gleichen Jahres stirbt.

Der damalige Weihbischof Walter Kampe aus Limburg hielt die Exequien. Er würdigte den *glänzenden, so strahlenden Geist von Sr. Hildegardis, »die so viele Menschen magnetisch anzog«.*[66]

Er sprach über Hildegardis Lebenswerk in Temesvár, das durch die Brutalität der Geschichte abgebrochen wurde, und über die Verpflichtung zur Sorge, die sich daraus ergebe. Das ist wohl wahr. Aber mir ist im Hinschauen auf das Leben von Sr. Hildegardis und das Evangelium noch etwas anderes deutlich geworden.

Viele Bilder des Evangeliums und der Verkündigung Jesu bieten sich an, um das Leben der Christen zu deuten und zu verstehen und um zu zeigen, wie das Reich Gottes durch sie hindurch in dieser Welt wächst: Licht, Senfkorn, Stadt auf dem Berg, Perle in der Muschel und viele andere ... Manche dieser Bilder implizieren, dass etwas greifbar geworden ist, wie die Perle, die sichtbar geworden ist, oder wie das Senfkorn, das aufkeimt. Aber längst nicht immer (vielleicht sogar eher selten) bleibt beim christlichen Engagement etwas Greifbares, Helles, deutlich Konturiertes übrig. Für das Leben von Hildegardis Wulff etwa scheint mir eher das oben schon kurz angesprochene Bild vom Sauerteig zu passen. Jesus beschreibt hier, dass das Reich Gottes oft im Verborgenen beginnt. Da wird das kleine bisschen Sauerteig ganz untergemischt und hineingeknetet in den großen Trog voll Mehl und Wasser, bis nichts mehr voneinander getrennt ist – und auch Innen und Außen letztlich nicht mehr unterscheidbar sind. Und gerade so wird der ganze Teig durchsäuert, und der Sauerteiggeschmack ist später im ganzen Brot zu schmecken. Und so gesehen hat auch das, was historisch gesehen keine Dauer hat, in den Augen Gottes doch einen »Ewigkeitswert«.

Fruchtbare Spannung
Christel Felizitas Schmid (1892–1970)

Längst nicht jede Spannung im Leben ist fruchtbar. Aber dennoch gilt auch: Es gibt keine Fruchtbarkeit ohne Spannung. Ich meine nicht nur die Spannung, die in dichten Augenblicken manchmal offen daliegt, sondern mehr noch diejenige, die lange im Raum steht und mitgeht und die, statt für uns lösbar zu sein, angenommen, ausgehalten sein will, ohne dass man schon wüsste wozu. Wenn ein Mensch sich so auf das Leben einlässt, die Spannung nicht vorschnell entspannt, sich ihr nicht heimlich entzieht, sondern sie durchträgt und austrägt – wie Frauen die Kinder immer austragen müssen und dürfen, bevor sie zur Welt kommen –, wenn ein Mensch so versucht, das Leben zu bejahen und der Stimme zu folgen, mit der der lebendige Gott durch alles hindurch ruft, dann wird still und stark die immer mögliche Fruchtbarkeit sichtbar. Wenn ich dieses Fruchtbar-werden sehe, halte ich es meistens gut aus, dass die Früchte bald vergehen, indem sie verzehrt oder selbst wieder zu Saatgut werden. Wenn ich solch Fruchtbarwerden sehe, wärmt mich dies wie das warme Leuchten, das die untergehende Sonne manchmal an Sommerabenden hat und das mir oft wortlos Mut macht für die kommende Nacht und den nächsten Tag. Als ich auf das Leben Christel Felizitas Schmids schaute, ging es mir ähnlich.

Ich möchte so gerne Mut machen, steht als Wort über ihren Lebensskizzen, die Schwester Katharina Schridde CCR als Annäherung an die Persönlichkeit Christel Felizitas Schmid, die Gründerin der evangelischen *Communität Casteller Ring* auf dem Schwanberg bei Würzburg verfasste.[67]

In ihrer Einführung schreibt die frühere Priorin der Gemeinschaft, Schwester Ursula Teresa Buske CCR, über sie unter dem Motto »*Mut machen zur Christusnachfolge«: Mut machen zum Abenteuer mit Got: S*ie *hat die ihr gegebenen Charismen verschwendet für ein ihr auf Erden unbekanntes Ziel. Ihr Leben ist ein Zeugnis dafür, dass sich jede Mühe lohnt. Lassen wir uns anstecken von der Glut und dem Gottvertrauen.*[68]

Als Jüngste von dreizehn Kindern, von denen nur fünf das Kleinkindalter überlebten, wird Christel Felizitas Schmid 1892 in Mittelfranken geboren. Bäuerliche Umgebung, Natur und Natürlichkeit prägen ihr Leben. In der wenige Schritte vom Elternhaus entfernten Dorfkirche wird sie getauft und 1906 konfirmiert. Ihr Konfirmationsspruch »*Sei getreu bis in den Tod, so will ich dir die Krone des Lebens geben*« (Offb 2,10) begleitet sie zeitlebens und trägt sie besonders auch in ihrem späteren Ringen um mögliche Konversion zur Katholischen Kirche in der versprochene Treue zu ihren Wurzeln in der Evangelisch-Lutherischen Kirche Bayerns. 1905 verlässt sie das Elternhaus, lernt Hauswirtschaft, macht eine kaufmännische Ausbildung und beginnt 1909 einen Kleinkinderlehrerinnenkurs bei den Diakonissinnen in Neuendettelsau. Dort nimmt sie tief auf, was ihr selbst so sehr entspricht: eine bewusst christliche Lebenshaltung als Grundlage einer festen Gemeinschaft, die ihre letzte Erfüllung nicht in sich selbst, sondern in der Hingabe an Jesus

Christus findet. Im Stundengebet und Psalmengebet kommt sie in Berührung mit dem großen Strom der Beter und Beterinnen, der durch alle Zeiten fließt, und der geheimnishaften Wirklichkeit der Ekklesia, die weit über Zeit und Raum jeder Gemeinde hinausreicht.

Bewegungen, die ihr ganzes Leben lang eine Rolle spielen, sind die Jugendbewegung, die um die Jahrhundertwende blüht, und das Pfadfindertum. Ausbruch aus enger Bürgerlichkeit, bündisches Leben, freie Natur und echte Gemeinschaft gehören dazu, ebenso auch innere Freiheit und Wahrhaftigkeit und das Stehen zur eigenen Verantwortung. Bald wird Christel Schmid in Kitzingen, wo sie inzwischen arbeitet und lebt, Leiterin einer kirchlichen Gruppierung, die auf der Grundlage des Pietismus Bibelarbeit betreibt und daraus lebt. In solcher Jugendarbeit und Seelsorge ist sie in ihrem Element. 1929 gründet sie mit Hanna Burk die *Tatgemeinschaft christlicher Pfadfinderinnen* in Kitzingen. Tiefe, lebenslange Freundschaften entwickeln sich in dieser Zeit. Pfarrer Hermann Schlier und das Ehepaar Haffner gehören dazu. In der Zeit des Nationalsozialismus erfahren die christlichen Pfadfinderinnen zunehmend Repressionen. Im August 1937 wird die Gruppe von der Gestapo aufgelöst und Christel Schmid jede Weiterarbeit verboten. Aber sie sucht und findet Wege. Von 1941 bis 1943 arbeitet sie wieder als Gemeindejugendleiterin in St. Lorenz in Nürnberg. Mit dem dortigen Pfarrer Otto Dietz teilt sie die Liebe zu Liturgie und Stundengebet, die sie mit der Jugendseelsorge zu verbinden weiß.

Mit anderen jungen Frauen trifft Christel Schmid sich des Öfteren bei den Haffners, die inzwischen ins unterfränkische Castell umgezogen sind. Für diese Gruppe entwickelt sich der

Deckname *Casteller Ring.* Zwischen den Treffen hält sie durch anonyme Rundbriefe den Kontakt aufrecht. Für sie selbst und für die Gruppe wird Castell immer mehr zum Mittelpunkt. Im Jahr 1943 zieht sie dorthin und wohnt bei Haffners in einem Zimmer auf dem Dachboden.

Noch eine andere Bewegung ist für Christel Schmids Weg wichtig: die liturgische Erneuerungsbewegung in der Evangelischen Kirche. *Die Sehnsucht nach dem Ewigen braucht – wenn sie nicht im Ungefähren verwehen will – Form und Gestalt.*[69] Sie stellt sich in der Hochkirchlichen Vereinigung, einer evangelischen Reformbewegung, in den Dienst der mystagogischen Hinführung zum Geheimnis Gottes, ohne dabei die Schrifttreue der Reformation aus dem Blick zu verlieren. Maßgeblich ist in diesem Kreis der Marburger Religionswissenschaftler Friedrich Heiler.

Im Jahr 1943 trifft Christel Schmid den Münsterschwarzacher Benediktiner P. Theophil Lamm und begegnet durch ihn der Regel Benedikts von Nursia und dem monastischen Leben einer Ordensgemeinschaft. Dort findet sie lebendig, was sie innerlich längst (wenn auch unklar) schaut und spannungsreich austrägt. Behutsam und treu begleitet P. Theophil sie und ihr spannungsvolles Fragen. Sie leidet auch an dem Riss, der immer noch durch die eine Kirche Jesu Christi hindurchgeht. *Mit fast schmerzlicher Klarheit und Aufrichtigkeit erkannte sie, dass der Weg der Konversion nicht ihr Weg war.*[70] Immer stärker wird ihre Gewissheit, *dass sich der liturgische Reichtum, den sie in Münsterschwarzach kennen gelernt hat, auch in der evangelisch-lutherischen Kirche verwirklichen lässt,*[71] auch wenn die evangelische Theologie damals keine Grundlage für ein monastisches Ordensleben sieht.

Von Professor Heiler, in dessen Gemeinschaft evangelischer Franziskaner-Tertiarinnen sie bereits 1937 die Gelübde abgelegt hat, empfängt Christel Schmid 1947 in der Hochkirchlichen Vereinigung das Sakrament der Firmung – die Geistsalbung –, den neuen Namen Felizitas – den Namen der Patronin der Abtei Münsterschwarzach – und das Bibelwort aus dem Propheten Haggai: *Der Herr spricht: Ich will dich wie einen Siegelring halten, denn ich habe dich erwählt.* (2,23)

Viele Schritte der Verbindlichkeit machen den Weg Christel Felizitas Schmids aus, von denen nur manche hier erwähnt werden können. Ab 1946 läuft alles Denken und Wünschen auf die Entscheidung zum gemeinsamen monastischen Leben zu, denn: *Ein gemeinsames Leben muss auch gemeinsam gelebt werden*[72]. Im Februar 1950 beginnt sie mit Maria Pfister dieses Leben nach der Regel Benedikts in Castell bei Familie Haffner. Erst wächst die Gemeinschaft weitgehend im Verborgenen, dann auch immer mehr in den Außenraum hinein. Jugendarbeit, Schule, Internat sowie kirchlich-liturgische Präsenz gehören zu ihr. 1957 wird das Schloss Schwanberg vom Pfadfinderinnen-Dienst e.V. gemietet. Die Frauen der Gemeinschaft, die sich in Anlehnung an den *Casteller Ring* inzwischen *Communität Casteller Ring* nennt, treten damit auch als Ordensfrauen an die Öffentlichkeit. Es ist verständlich, dass die Reaktionen in der evangelischen Kirche zunächst verhalten bis gespalten sind. 1958 überarbeitet Christel Felizitas Schmid mit Pfarrer Eduard Ellwein eine Lebensordnung für die Communität, die der Landeskirche vorgelegt wird.[73] Im Juli 1959 besucht der bayerische Landesbischof Hermann Dietzfelbinger die Gemeinschaft. Er honoriert damit die Mühe und kraftvolle Geduld, das monastische Ordensleben neu in der evangelischen Kirche zu beheimaten. Vieles war vorher lange in Spannung, aber die Fruchtbarkeit ist nun sichtbar geworden.

1961 gibt Christel Felizitas Schmid das Amt der Bundesmeisterin des *Bundes Christlicher Pfadfinderinnen (BCP)* ab. 1968 legt sie ihr Amt als *Mater* der Communität in die Hände von Maria Scholastika Pfister, die die Schwestern zu ihrer Nachfolgerin wählen. Damals zählt die Gemeinschaft bereits 31 Schwestern. Am 22. April 1970, an ihrem Konfirmationstag, stirbt Christel Felizitas Schmid nach einem Herzanfall.

Glück und Freiheit
Thekla Wessendorf (1898–1986)

Wer eine Sprache lernen will, muss die Grammatik verstehen, zum Beispiel die so wichtigen Deklinationen, die Grundmuster von Bewegungen und Beziehungen: den Nominativ (Wer-Fall), den Genitiv (Wessen-Fall), den Dativ (Wem-Fall), den Akkusativ (Wen-Fall), den Vokativ (Anrede-Fall). Das Leben kennt noch mehr Fälle als die Sprache, zum Beispiel den Zweifelsfall oder den Glücksfall. Und es lohnt sich wohl, einmal für sich diese Fälle der Lebensgrammatik persönlich durchzudeklinieren. Für mich beispielsweise gehört es zu den Glücksfällen meines Lebens, dass ich Schwester Thekla begegnet bin.

Als ich neu ins Kloster komme, ist sie schon alt und in vieler Hinsicht reif. Erdnah und gottverbunden durch viele Landschaften des inneren Lebens gegangen, ist ihr Herz ganz weit geworden. Vor ihrem 80. Geburtstag kommt ein Reporter von einer Kölner Tageszeitung, um ein Interview mit ihr zu führen. Er befragt sie nach den Stationen auf ihrem Lebensweg. Zuletzt fragt er noch: »Und was erwarten Sie jetzt noch vom Leben, Schwester Thekla?« Offensichtlich meint er, sie würde etwas sagen wie: Gesundheit, noch ein paar ruhige Jahre, kein langes Siechtum oder so. Aber sie strahlt ihn ohne Zögern aus ihren so lebendigen, klaren Augen an und lacht: »Den ganzen Himmel.« Geboren 1898 im münsterländischen Ochtrup, kommt Thekla

Wessendorf 1926 ins Kloster der Benediktinerinnen nach Köln. Ihre ältere Schwester ist schon dort, stirbt aber bald an Tuberkulose. 1931 legt Schwester Thekla ihre Gelübde ab. Damals sind die Schwestern noch in Chorschwestern, Pfortenschwestern und Laienschwestern unterteilt. Schwester Thekla ist eine der Laienschwestern, die wenig lateinisches Chorgebet beteten – das damals noch länger dauerte als die täglichen dreieinhalb Stunden heute –, viel Handarbeit taten sowie viele Rosenkränze und viel Inneres Gebet beteten. Ein paar Jahrzehnte später, nach dem Wegfall der unterschiedlichen Schwesternklassen, nimmt Schwester Thekla meistens am Chorgebet teil. Sie ist ein Mensch, der innerlich ganz wach ist und gern liest. Aber das zeigt sich erst viel später so deutlich. Vorerst ist zunächst ihre Stärke zu bemerken. Sie hat die Waschküche zu besorgen, den Garten zu betreuen mit allem, was darin wächst und gepflegt werden muss, sie putzt die Kirche und die Infirmerie (Krankenstation), sie bringt den Kranken das Essen und wacht nachts bei den Sterbenden, wenn es nötig wird. Nur während der Evakuierungszeit der Schwestern im Zweiten Weltkrieg verlässt sie das Kloster.

Natürlich ist sie nach so langer Zeit im Kloster auch ein bisschen »fern der Welt«, aber selten habe ich, was die existenziellen Dinge angeht, einen Menschen kennengelernt, der weniger weltfremd ist. Schwester Thekla lehrt uns junge Mitschwestern zu beten und zu fragen und vieles mehr. Nie werde ich vergessen, wie sie mich, als ich vielleicht ein Jahr im Kloster lebte, fragt: »Und du, wie betest du?« Als ich darauf nichts zu antworten weiß – obwohl ich doch sonst immer Worte genug hatte –, wartet sie ab und fragt mich nach ein paar Wochen wieder.

Einmal, als sie auf dem Weg zur Kirche ist, um ihre stille Zeit der Anbetung zu halten, bitte ich sie: »Nehmen Sie mich mit ins Gebet, Schwester Thekla?« – »Und wie geht das, jemanden mitnehmen?«, fragt sie lächelnd zurück.

Ein andermal, als sie einen stillen Gebetstag hat, frage ich sie abends: »Und, haben Sie gut beten können?« – »Ach«, meint sie darauf, »ich bin über das ›Ehre sei dem Vater und dem Sohn und dem Heiligen Geist‹ gar nicht hinausgekommen.«

Mit ihr zu arbeiten ist eine Lust. Ich habe gelernt, mit ihr zu arbeiten, zu beten und zu staunen. Wir beten in der Waschküche, beim Säen, Pflanzen, Jäten und Ernten im Garten, traditionell oder »freihändig«. Sie ist in beidem virtuos.

Als Novizin helfe ich einmal bei der Apfelernte. »Guck mal, wie schön«, sagt sie und hält mir einen Apfel hin: »Was Gott sich mit dem Mühe gemacht hat.« Und nach einer Pause fährt sie fort, eine alte Frau, die da im Klostergarten steht und arbeitet: »Ob ich auch so schön bin? Mit mir hat er sich noch viel mehr Mühe gemacht.« Thekla ist keineswegs ein Typ für Idylle, aber schlicht und enorm konkret. Sie weiß sehr wohl um die für's Leben und Wachsen unumgängliche Disziplin, egal, auf welcher Ebene. Im Garten soll ich ihr eines Tages helfen, an den Tomatenpflanzen Triebe zu entfernen. Ich weigere mich, denn ich will ja nicht irgendwo das Leben beschneiden. Sie sagt: »Na gut, dann lass mal zwei Pflanzen wachsen, wie sie wollen und wie du willst.« Später sehe ich dann den krassen Unterschied: Die nicht ausgeschnittenen Tomaten sind mickrige Winzlinge geworden, die anderen aber sind groß und schön. Ich verstehe, was sie mich da erfahren lässt. Dabei geht es bei diesem Thema nur am Rand um Tomaten.

Und Schwester Thekla setzt auch nicht nur bei Tomaten an. Als ich beginne, Vorträge zu spirituellen Themen zu halten, meint sie einmal im Vorbeigehen: »Wenn's wahr ist, musst du es auch einfach sagen können.« Ich habe immer versucht, mich daran zu halten.

Aber was ein Mensch zeigt, sagt und gestaltet, ist nie das Ganze seines Lebens. Andere Räume liegen mitunter ganz im inneren Bereich eines Lebenshauses. Vielleicht werden sie nie zur sichtbaren Tat oder fassbar wie Taten, und doch sind sie so wichtig, wenn man den Menschen in seinem Wesen erahnen und verstehen will. In jedem Leben ist das so. Ich will ein spätes Beispiel aus Schwester Theklas Leben andeuten.

Als sie etwa 77 Jahre alt ist, kommt der Schrecken über sie: Wie werde ich vor dem gerechten Gott stehen und bestehen können? Die Erschütterung ist ihr deutlich anzusehen und lässt sich nicht beschwichtigen. Über ein Jahr dauert das. Sie erzählt nie, aus welchem Grund sich das dann wieder legt. Wir alle tragen Geheimnisse.

Acht Jahre später ist ihre Zeit zu sterben da. Der Tod kommt leise. Abends hat sie sich zur üblichen Zeit schlafen gelegt. Gegen drei Uhr nachts sei sie gestorben, sagt der Arzt anderntags. Eine Schwester, die sie um fünf Uhr früh zum ersten täglichen Gottesdienst, dem Stundengebet der Laudes, wecken will, findet sie tot im Bett. Sie hat sich im Schlaf und Sterben nicht einmal mehr umgedreht. So groß und tief waren ihre Ruhe und Bereitschaft.

Wer den Schrecken nie erfährt, erfährt auch nie diese Ruhe. Der Gott, dem Thekla sich anvertraut hat, dem ich und dem viele andere sich anvertraut haben, ist kein harmloser Gott, kein Glattmacher. Seine Schönheit kommt ohne jede Beschönigung aus. Gott ist nicht harmlos, sondern glühend liebend. Spätestens wenn wir sterben, müssen wir alle durch das Feuer der Liebe Gottes hindurch, die uns in Jesus Christus sichtbar ist und mich zutiefst anspricht. Gottes Liebe und Zuwendung schreckt vor nichts zurück. Uns mutet sie zu, dass auch wir an den Punkt kommen, an dem wir nicht mehr zurückschrecken und ausweichen können. Und sie lädt mich ein, wie ich es bei dieser alten Schwester gesehen habe, ansprechbar zu werden und Gott und das Leben und alles, was sich darin zeigt, meinerseits anzusprechen.

»Die Wahrheit wird euch befreien«, sagt Jesus (Joh 8,32). Die wenigsten von uns sind schon frei genug. Ich habe einige wirklich freie Menschen gesehen. Bei Schwester Thekla habe ich gesehen, wie ein Mensch, der in der Gotteswirklichkeit verwurzelt ist, immer freier wird. Sie hat mich sogar auf diesem Weg mitgenommen. Ich bin gern mit ihr mitgegangen.

Aus dem Schatz Neues und Altes hervorholen (Mt 13,52)

Agnes Johannes (1900–1993)

Das Evangelium ist der kostbarste Schatz für mein Leben. Seit ich das Neue Testament mit 16 Jahren zum ersten Mal vom ersten bis zum letzten Wort las, ist das so – bis heute. Es ist mir mit seinen Wegweisungen und Herausforderungen zum Maß meines Lebens geworden. Es leitet mich in meinem Fragen und Suchen, bei dem, was ich tue, und bei dem, was ich lasse. Manchmal gibt es Geschehnisse oder Menschen, an denen mir beispielhaft deutlich wird, wie ein Wort des Evangeliums wirken oder heute aussehen kann. Jedes Mal ist das ein Geschenk. So geht es mir mit dem Satz Jesu aus dem Matthäusevangelium: *Darum gleicht jeder Schriftgelehrte, der ein Jünger des Himmelreichs geworden ist, einem Hausvater, der aus seinem Schatz Neues und Altes hervorholt* (Mt 13,52). Dieser Satz ist besonders aktuell im Blick auf die Kommunität Venio und deren Gründerin Agnes Johannes.

   Im Jahr 2000 erschien ein Buch über M. Agnes Johannes, das M. Agape Gensbaur, ihre Nachfolgerin in der Leitung der Kommunität Venio herausgegeben hat.[74] Es ist *eine Art Kaleidoskop: wenn man es schüttelt, entsteht ein jeweils neues, geordnetes, in vielen Punkten übereinstimmendes, manchmal abweichendes, aber immer zum Nachdenken anregendes Muster.*[75] In dem 1999 veröffentlichten Text *Venio. Eine Möglichkeit benediktinischen Lebens heute*, schreibt sie: *Venio ist, wenn man es genau nimmt, eigentlich nebenher entstanden.*[76]

Geboren wird Marianne Johannes, die spätere Schwester Agnes, im Jahr 1900. Sie ist das einzige Kind ihrer Eltern, die beide Lehrer sind. Ihr Vater stirbt bereits 1907. Schon in ihrer Kindheit erlebt Marianne Schönheit und Wahrheit christlicher Liturgie. Sie besucht das Lyzeum, die Handelsschule und die Soziale Frauenschule. Der Erste Weltkrieg mit Einsätzen in verschiedenen Hilfsdiensten erweitert ihren Radius und Horizont. Nach Kriegsende 1918 kommt sie in Berührung mit der katholischen sozialen Arbeit und der Frauenbewegung und darin *vollends zu sich selbst.*[77] Mit einigen jungen Frauen macht sie 1920 Exerzitien in der Benediktinerabtei Ettal. Da bricht ihre Berufung auf. Als sie bald darauf in Frauenchiemsee um die Aufnahme ins Kloster bittet, ist dort das Noviziat überfüllt. Auf eine weitere Anfrage 1923 erhält sie zwar eine Zusage, aber da hat Gott schon eine andere Spur für sie gelegt.

Mit einigen Frauen beginnt sie, angeregt durch die *Liturgische Bewegung*, die benediktinischen Gebetszeiten von Vesper und Komplet zu beten. Die Begegnung mit P. Alois Mager OSB aus der Erzabtei Beuron wird schicksalhaft für den weiteren Weg. Er nimmt sich der Gruppe an. Marianne wird Oblatin der Abtei Beuron und erhält den Namen Schwester Agnes. Andere Frauen schließen sich an.

Es bildet sich ein eigener Oblatenkreis und schließlich wird sie gebeten, diesen verantwortlich zu leiten. Schwester Agnes tut, was ihrem Wesen entspricht, sie tritt nicht ins Kloster ein, sondern wirft ihr »Ja« weit voraus in den Raum noch unabsehbarer Anfänge. In großer Offenheit begegnet sie allem, was auf sie zukommt, folgt der Spur, bahnt einen neuen Weg, in einer neuen Weise monastisch nach der Regel Benedikts zu leben – außerhalb von Klostermauern. Der Münchner Kardinal Michael Faulhaber gibt dem Kreis 1927 die diözesane Erlaubnis zur *vita communis,* zum gemeinsamen Leben. Die Vertiefung in Liturgie und Exegese und der Austausch mit Mönchen der Bayerischen Benediktinerkongregation und der Beuroner Kongregation prägen diese Zeit.

1940 teilt sich die stark gewachsene Gemeinschaft in zwei Kreise. Die Frauen im inneren Kreis verpflichten sich nun zu einer gemeinsamen Lebens- und Gebetsordnung nach der Regel Benedikts unter M. Agnes' Leitung, die Frauen im äußeren Kreis leben nicht gemeinsam und haben weniger Verpflichtungen. Der Name *Venio* für ihre Gemeinschaft fällt Agnes ein, als es um die Errichtung eines zivilrechtlichen »eingetragenen Vereins« für die neue Gruppe geht. *Ecce venio* ..., heißt es in den Psalmen (Ps 40,8). Der Hebräerbrief legt dies Wort Christus bei seinem Eintritt in die Welt in den Mund: *Siehe, ich komme, um deinen Willen, Gott, zu tun.* (Hebr 10,7)

Nach dem Krieg gehört M. Agnes zu den Gründungsmitgliedern des Katholischen Bildungswerks, engagiert sich später in der Katholischen Akademie Bayerns und arbeitet bei der ökumenischen Bewegung *Una Sancta* mit. Die Schwestern der Gemeinschaft gehen der Berufsarbeit nach, zu der heute ein breites Spektrum von Tätigkeiten gehört. Sie tragen nicht den Ordenshabit, sondern – außer zu den Gebetszeiten – Zivilkleidung. Im Jahr 1952 erwirbt die Gemeinschaft in der Döllingerstraße 32 in München-Nymphenburg ein Haus. Schon im gleichen Jahr wird eine freistehende Kapelle gebaut und eingeweiht. Durch Zukauf und Neubau wird der Lebensraum der Gemeinschaft noch einmal vergrößert. M. Agnes formt die Gemeinschaft, die schnell größer wird. Es heißt von ihr: *Sie gibt etwas unaufhörlich Lebendiges weiter, wohl weil es ein Stück ihres Lebens, ein Stück von ihr selbst ist.*[78] Was lebendig fließende Tradition bedeutet, kann man kaum schöner sagen. Sie holt immer wieder Neues und Altes aus dem Schatz der Tradition hervor und teilt es mit anderen.

In den 1950er-Jahren beginnen die Bemühungen um die kirchliche Approbation, die Anerkennung der spezifischen Lebensform von »Venio« als Teil der großen benediktinischen Gemeinschaft. 1957 wird die Gemeinschaft, noch im Wartestand der Approbation, der bayerischen Benediktinerkongregation angegliedert und so ins weite Feld benediktinischer Gemeinschaften eingewurzelt. Beziehungen zu anderen Männer- und Frauenabteien werden lebendig gepflegt und Engagements innerhalb der benediktinischen Familie von Gliedern der Gemeinschaft übernommen – eine Bereicherung für alle. Aber erst 1992, ein Jahr vor M. Agnes' Tod, kommt das erzbischöfliche Dekret der offiziellen Errichtung von »Venio« als Ordensinstitut diözesanen Rechts. Im anfangs erwähnten Gedenkbuch sprechen viele Zeugnisse von der Person und Ausstrahlung von Schwester Agnes. Drei davon will ich hier weitersagen:

Agape Gensbaur, die 1973 die Leitung der Gemeinschaft von M. Agnes übernahm, schrieb 1993, kurz nach deren Tod: *Ich sehe die Mutter nur immer als einen Voraus-Menschen. Nicht nur, dass sie uns immer vorausging, sie war uns auch in vielen Dingen voraus ... Sie hatte im Vorausschauen auf das »Voraus« ihres*

Herzens gehört und nicht viel nach Details gefragt. So sind wir entstanden.[79]

Und an anderer Stelle schreibt sie: *Es muss etwas wie eine Kraft des Auftrags geben. Die Mutter hatte diese Kraft, das schier Unmögliche zusammenzubinden, nämlich den vollen beruflichen Alltag, das gemeinsam gebetete und gesungene Offizium und unser gemeinsames Leben, dazu die Regel Benedikts als Richtschnur zu nehmen und auf diese Weise eine neue klösterliche Form ins Leben zu rufen ... Sie hat es einfach getan, und alle, die sie davon überzeugte und die sie gewinnen konnte, waren Ausführende dieses Auftrags und also auch Partizipierende an dieser Kraft. Es ging nicht in erster Linie um Begabungen im Sinne von Talenten, sondern es ging um Begabung mit dieser Kraft ... Höchstwahrscheinlich hätten Differenzierungen diese Anfänge nur aufgehalten, ja u. U. zugeschüttet. Es musste im gelebten Leben erprobt werden, was möglich, was unmöglich ist. M. Agnes' Sache war der große Wurf, nicht das Detail. Darum war auch gerade ihr Hang, die Dinge eher zu vereinfachen und in Bausch und Bogen zu nehmen, wie sie sind, vom Ganzen her gesehen ein Segen ...*[80]

Lucia Wagner, die derzeit die Kommunität Venio leitet, notierte sich vier Monate vor M. Agnes' Tod ein Wort, das den Punkt benennt, von dem aus in jedem Lebensalter und bei jedem gesetzten Schritt für M. Agnes alles sein Gewicht – schwer oder leicht – erhielt, ein gelebtes und erprobtes Wort, das bis in ihren Tod hinein gestimmt hat: *Was immer geschieht, Gott bleibt die Mitte.*[81]

Leidenschaft für das Mögliche
Helen Lombard (1936–2000)

Einmal habe ich sie getroffen, 1993, als sie und ich zu den Referentinnen beim zweiten internationalen Symposium der Benediktinerinnen in Rom gehörten. Erst kürzlich las ich den Brief, den sie in dieser Woche an ihre Schwestern in Australien geschrieben hat.[82] Das internationale Miteinander war für mich damals noch eine neue Erfahrung, es gab viele starke Eindrücke aufzunehmen, viele neue Horizonte zuzulassen. Vielleicht lag es daran, jedenfalls sind wir uns damals in Rom nicht wirklich begegnet. Zehn Jahre später vertrat ich 2003 die deutschsprachigen Benediktinerinnen bei der CIB-Conference in Sydney. CIB – Communio Internationalis Benedictinarum –, so heißt das weltweite Netzwerk der benediktinischen Frauengemeinschaften, dessen Wachsen mitzuerleben zu den Geschenken meines Lebens zählt.

Während ich hier schreibe, bin ich wieder in Rom, um an einem Treffen teilzunehmen. Wenn mir Fragen zu Helen Lombard kommen, die ich wohl einmal traf, der ich aber nie wirklich begegnete – wie das oft im Leben geschieht –, kann ich S. Clare Condon fragen, Helens Nachfolgerin, die jetzt auch hier ist. In Sydney lernte ich ihre Gemeinschaft, die *Sisters of the Good Samaritan of the Order of St. Benedict* kennen. Da bin ich auf Helen Lombard und ihre Leidenschaft für das Mögliche aufmerksam geworden – drei Jahre nachdem sie tödlich verunglückt war.

Im Jahr 1857 gründet der erste Erzbischof von Sydney, der englische Benediktiner John Bede Polding, mit M. Scholastica Gibbons die Gemeinschaft der *Sisters of the Good Samaritan*, um Antwort zu geben auf die geistlichen wie sozialen Nöte in den rasch wachsenden englischen Kolonien in Australien. M. Scholastica hatte bereits Erfahrungen in der Arbeit mit und für Frauen in diesen schwierigen Verhältnissen gesammelt. 1866 ist die Gemeinschaft schon auf 30 Schwestern angewachsen. Neben der sozialen Arbeit übernehmen sie seit 1861 immer mehr Erziehungsaufgaben in den verschiedensten Schulen und Colleges.

Erzbischof Polding gibt der Gemeinschaft Regeln, die auf der Regel Benedikts aufbauen. Durch verschiedene Umstände zieht sich die offizielle römische Approbation aber bis 1932 hin. Es gab Phasen, in denen die Bedeutung der Regel Benedikts und des monastischen Lebens für das Selbstverständnis der Gemeinschaft nicht sehr deutlich wahrgenommen wurde. Nach dem Zweiten Vatikanischen Konzil wird ein Erneuerungsprozess eingeleitet, durch den die Regel Benedikts eine neue Leuchtkraft für die Gemeinschaft gewinnt. Daran ist Helen Lombard maßgeblich und leidenschaftlich beteiligt.

Es ist wie in der alttestamentlichen Geschichte des Isaak, der die Brunnen, die sein Vater Abraham hatte graben lassen, damit seine Leute Wasser und Leben hatten, wieder aufgraben lässt, damit alle zu trinken haben (vgl. Gen 26,18). Wie bei einem in Vergessenheit geratenen Brunnen vertieft sich Helen Lombard in den Sinn des monastischen Lebens und der *lectio divina,* der Lesung der Heiligen Schrift, die für sie eine so große Bedeutung hat. In einer Ansprache bei einer Profess 1993 sagt sie: *Die Regel Benedikts, die wir durch Polding erhielten, ist wie eine Landkarte für unser Leben. Sie gibt uns Werkzeuge an die Hand, die uns befähigen, in der Weisheit und Integrität des Evangeliums zusammenzuwachsen. Unsere Herzen werden geformt und geläutert, während wir auf diesem Weg zeit unseres Lebens miteinander weitergehen.*

1936 wird Helen Lombard als Älteste von drei Schwestern in Iron Knob, in Südaustralien, geboren. Ihre erste schulische Ausbildung erhält sie bei den Sisters of the Good Samaritan. Nach dem Studienabschluss in Melbourne arbeitet sie als Lehrerin, bevor sie 1961 in die Gemeinschaft der Sisters of the Good Samaritan of the Order of St. Benedict eintritt. Später unterrichtet sie in den Highschools der Gemeinschaft, in Epping/ Victoria ist sie Direktorin der Schule. 1973 macht sie noch den Masterabschluss in Erziehungswissenschaften. Sie engagiert sich in verschiedenen Gremien, wie der nationalen Katholischen Erziehungskommission und im Katholischen Kolleg für Erziehung in Sydney. Sie gehört zu den Gründungsmitgliedern der Australischen Katholischen Universität, an der sie verantwortliche Aufgaben übernimmt. Nach einem Sabbatjahr in Rom 1976 setzt sie ihre Studien in Schweden, England und den USA fort, wo sie auch andere benediktinische Gemeinschaften besucht. 1979 beginnt sie im Auftrag ihrer Priorin ein Erneuerungsprogramm benediktinischer Studien, die sich mit der Regel Benedikts und ihren Grundanliegen beschäftigen. Von 1981 bis 1993 ist sie Generalpriorin ihrer Gemeinschaft, und auf nationaler wie internationaler Ebene engagiert sie sich in den Leitungsgremien der Orden. Danach arbeitet sie im Vorstand der Universität von Westaustralien und entwickelt einen Fernstudiengang zur Regel Benedikts und ihren Quellen für Benediktinerinnen und Benediktiner in Australien, Neuseeland und den USA. Am 5. Juni 2000 kommt sie in der Nähe von Perth bei einem Autounfall ums Leben.

Die äußeren Linien ihres Lebens mögen beeindrucken, zum Leuchten kommt alles vom Wesen her. Die Menschen, die sie kannten, sagen, *sie rief die Schwestern auf, wirklich lebendig zu sein, ihrem Charisma auf der Spur zu bleiben, mit dem Wort Gottes zu leben, neue Ausdrücke in der Kirche und Welt von heute zu finden.* Bei allem Engagement lebt sie aus der Kontemplation. Die Menschen, die sie kannten, sagen, *sie bezeugte die Lebenskraft des Evangeliums; sie fragte uns: »Welche Füße wollt ihr waschen?«* (vgl. Joh 13)

Helen Lombard hatte eine mich faszinierende Leidenschaft für das Mögliche. Sie schrieb einmal: *Die Möglichkeit ist unsere Möglichkeit. Unsere Herzen sollen voll Feuer sein. Lasst zu, dass die Leidenschaft in uns brennt.* Der australische Trappist Michael Casey, der 25 Jahre mit ihr zusammenarbeitete, schreibt: *Sie war kompromisslos in der Qualität der Arbeit, mit vollem Einsatz dabei. – Sie besaß eine hohe Integrität, lebte, was sie sagte, und war vom eingeschlagenen Kurs nicht abzulenken. – Ihre Brillanz war niemals bedrückend. Ihr Feuer hat viele angesteckt, aber nie hat sie versucht, andere umzukrempeln.* Zweifellos war Helen Lombard eine begabte Rednerin, Lehrerin und Führerin. Sie führte mit viel Wissen – aber immer von innen her. Sie war und blieb mitten im Leben mit der Weisheit Gottes in Berührung. Sie teilte das Leben gerne mit anderen, weitgehend selbstlos und vorangehend ins noch Unbekannte. Sie verstand es, andere viel zu lehren. Und wenn sie auch Fehler bis zum Schluss behielt, so hatte sie doch gelernt, mit ihnen zu leben, ehrlich, schlicht und ohne Selbstmitleid. Zutiefst erfüllt vom Wort Gottes waren Kirche und Welt ihr Element, so wie es das Zweite Vatikanische Konzil in der Pastoralkonstitution »gaudium et spes« ausdrückt: *Freude und Hoffnung, Trauer und Angst der Menschen von heute, besonders der Armen und Bedrängten aller Art, sind auch Freude und Hoffnung, Trauer und Angst der Jünger Christi. Und es gibt nichts wahrhaft Menschliches, das nicht in ihren Herzen seinen Widerhall fände.*[83]

Michael Casey berichtet von einem der letzten Gespräche mit ihr, als sie von einem neuen Gebetsraum in Kardinya erzählte. Das soll hier am Schluss stehen:

Es begann mit einem gewöhnlichen Raum in einem gewöhnlichen Haus. S. Margret Malone brachte Ikonen aus Rom mit, eine Christusikone und eine der Gottesmutter. Aber irgendwie passte es nicht, und Helen begann langsam, den Raum passend zu verändern. Zwei Freunde brachten Gestaltungsvorschläge ein. Die wurden entschlossen ins Werk gesetzt. Helen fand das Ergebnis »erfreulich«, eines ihrer Lieblingsworte. Inmitten von kühn wirkenden Farben, verhaltenem Licht und leerem Raum standen da die Ikonen und dazwischen das Buch der Bibel. Die Veränderung war so radikal, dass niemandem mehr in den Sinn gekommen wäre, den Raum für etwas anderes zu gebrauchen. Der Gebetsraum war, was sein Name besagt: Nichts anderes soll darin getan oder aufbewahrt werden.

Diese Geschichte liest sich wie Helens Lebensphilosophie. Klar zeigen sich die Priorität des Spirituellen und die Bereitschaft, Vorhandenes so aufzuteilen, dass es Raum hat. Dann wird der charak-

teristische Enthusiasmus für ein angenommenes Projekt deutlich, bis es seine Gestalt gefunden hat. Wir sehen, wie ein Netzwerk von Freunden einbezogen wird, wie jeder, der mitmacht, spürt, er hat etwas beitragen können. Auch die Suche nach professionellem Rat und die Bereitschaft, sich darauf einzulassen, gehören dazu. Man erkennt wieder den Mut, weiterzugehen ins Unbekannte. Und all das mit Feingefühl, Stil und gutem Geschmack, nichts wird gespart. Zuletzt zeigt sich Helens Fähigkeit zu großer Freude über das, was gut gelungen ist – auch denen gegenüber, die es nicht wagen wollten.

Unter all dem liegt aber tief und verborgen noch etwas, die persönliche Frömmigkeit. Der leergeräumte Raum wird zum heiligen Raum: durch die Ikone Christi, der das WORT ist, durch die Ikone Mariens, die das WORT als Erste empfangen hat, und durch das Buch der Heiligen Schrift. Im Zentrum steht das WORT.

Krieg und Frieden
Caritas Hopfenzitz (1913–2005)

Eine unserer jungen Schwestern erzählte mir, sie habe eine Groß-
tante in Korea, die auch Benediktinerin sei. Und manchmal
schreiben sich die beiden trotz 59 Jahren Altersunterschied von
einem Kontinent zum anderen Briefe. So bin ich auf Schwester
Caritas Hopfenzitz aufmerksam geworden und habe in ihr eine
Schwester gefunden, die mir zeigt, wie das geht: in einem von
Krieg und Frieden gezeichneten Leben sich eine Sendung anvertrauen zu lassen und sich einer Sendung anzuvertrauen.[84]

Geboren wird Caritas Hopfenzitz 1913 als drittes von
fünf Kindern in Bayern. Ihren Vater lernt sie erst kennen, als
sie schon elf Jahre alt ist. Als er nach dem Ersten Weltkrieg und
sechs Jahren Gefangenschaft heimkehrt, erkennt sie ihn nicht.
Ihre beiden Brüder werden als Soldaten im Zweiten Weltkrieg
eingezogen und sind unter den vielen Vermissten, die nie mehr
heimkehren. Als ihre Mutter 1953 stirbt, gilt auch Schwester
Caritas selbst als vermisst und befindet sich in Gefangenschaft
in Nordkorea. Doch dazu später.

So viel sinnlos durch die Kriege zerstörtes Leben und Land.
So viel Leid und Verlust. Caritas Hopfenzitz ist mir ein Beispiel
dafür, wie man dem sinnlos verwüsteten Lebensacker, von dem
man sich nicht wegstehlen kann, Sinn und die Frucht des Friedens abringt, indem man sich menschlich einlässt, auf dem Acker

arbeitet und einen Dienst übernimmt. Nach der Oberschule beginnt sie, in München Chemie zu studieren, bricht das Studium aber ab und tritt 1934 in die Missionsschule und 1937 bei den Missionsbenediktinerinnen in Tutzing ein. Schon im Jahr 1938 wird Schwester Caritas in die Koreamission gesandt, wo sie 1940 ihre Profess ablegt. Sie sagt manchmal stolz und glücklich: *Ich bin eine Missionsbenediktinerin »made in Korea«*. Als Katechetin in der Nachbarpfarrei des Klosters Wonsan eingesetzt, erhält sie die Aufgabe, die Taubstummen in Zeichensprache zu unterrichten. In diesen Jahren beginnt ihre lebenslange Mission und Verbundenheit mit den Taubstummen.

Korea wird nach dem Zweiten Weltkrieg unter den Siegermächten aufgeteilt und je zur Hälfte unter amerikanische und sowjetische Verwaltung gestellt. Die geplanten freien Wahlen kommen im Klima des Kalten Krieges nicht zustande. Stattdessen proklamieren 1949 sowohl eine proamerikanische als auch eine prokommunistische Gruppe die Republik Korea. Im gleichen Jahr ziehen die ausländischen Truppen ab. 1950 eskalieren die Spannungen im Koreakrieg, in dem beide Parteien in drei Jahre dauernden heftigen Kämpfen wechselseitig beinahe die gesamte koreanische Halbinsel erobern. 1953 kommt es zur Teilung des durch die japanische Besatzung, den Weltkrieg und den Koreakrieg ruinierten Landes.

Im Jahr 1949 werden die Klöster beschlagnahmt, die koreanischen Schwestern aus ihnen vertrieben und die ausländischen Schwestern und Brüder gefangen genommen. 39 Missionsbenediktiner und 20 Missionsbenediktinerinnen werden in das Arbeitslager Oksadok in den Bergen gebracht. Dort und während des Todesmarsches von 1951 sterben Mönche und Schwestern an den Strapazen. Im Nachruf auf Sr. Caritas heißt es: *In Oksadok und auf dem Todesmarsch ging Sr. Caritas mit Schadrach, Meschach und Abed Nego in den weißglühenden Feuerofen und sah den Engel des Herrn neben sich gehen. Jeden Tag sang Sr. Caritas: »Gepriesen seist du, o Herr, und lobwürdig in Ewigkeit«* (vgl. Daniel 3,3–14) Im Jahr 1954 dürfen nach fünfjähriger Gefangenschaft aufgrund eines Internationalen Kriegsgefangenen-Austauschabkommens 24 Mönche und 18 Schwestern in ihre Heimat zurückkehren. Im Januar 1954 kommt Caritas Hopfenzitz in Tutzing an und kehrt 1955, als die koreanischen Schwestern aus dem Norden in den Süden geflüchtet waren, als Erste nach Korea zurück.

In Seoul wird sie als Katechetin eingesetzt. Nach dem Sonntagsgottesdienst trifft sie dort ein taubstummes Ehepaar, das sie vor langer Zeit in Wonsan getauft hatte. Die Nachricht, dass sie wieder da ist, breitet sich unter den Taubstummen in Windeseile aus. So kommt es, dass sie ihr Werk von damals unter den taubstummen Flüchtlingen, die sich in großem Elend befanden, fortsetzt. Sie hilft sowohl bei der Vermittlung des Lebensnotwendigsten als auch bei der Beichte. In den Beichtstühlen dient sie als Vermittlerin. Sie übersetzt einerseits die Beichte der Taubstummen und andererseits den Zuspruch der Priester. Mit Unterstützung internationaler Hilfswerke kauft sie Land und baut Häuser. Das »Schweigende Dorf« der Taubstummen entsteht. Im Nachruf heißt es dazu: *Sie war die Dienerin und die Königin des Schweigens, der schweigenden Menschen, des Dorfes des Schweigens, der schweigenden Handwerker.*

Im Bemühen, etwas gegen die Arbeitslosigkeit zu tun, entstehen eine Nudelfabrik und eine Nähfabrik, in der zum Beispiel

Stofftiere und Barbie-Puppen-Kleider hergestellt werden. 1974 eröffnet für betroffene Kinder die Schule *Liebe zum Reden,* 1986 das *St. Joseph Heim,* das erste Altenheim für Taubstumme im Land. Eine Zeit lang lebt Schwester Caritas dort mit ihren alt gewordenen Freunden. Im Jahr 1977 erhält sie als Anerkennung für ihr Engagement von der koreanischen Regierung den Nationalen Verdienstorden, die Dobaeg-Medaille, und auch das Verdienstkreuz Erster Klasse der Bundesrepublik Deutschland. Als sie 85 Jahre alt ist, übergibt sie ihre Werke ihren Mitschwestern und zieht sich selbst ins Prioratshaus nach Daegu zurück.

Dort erlebt man, wie sie sich nun ganz den Grundelementen monastischen Lebens zuwendet: der Feier der Liturgie, dem Gregorianischen Choral, der Stille und dem kontemplativen Gebet, dem Kräuter- und Blumengarten, der Gemeinschaft und dem geistlichen Austausch – wobei vor allem an die einzige weitere deutsche Schwester Bertwina Caesar zu erinnern ist, die eine gute Freundin und ebenfalls im Gefangenenlager von Oksadok war. Man sagt, Schwester Caritas habe allein über die Arthrose in ihren Knien geklagt, im Übrigen sei sie immer guter Laune gewesen. Nach einem Sturz wird sie weitgehend bettlägerig. Sie sagt: *Ich opfere meine kleinen Schmerzen und Beschwerden auf. Sie sind meine Gaben, die ich Jesus anbiete.* Und in vielen Variationen: *Ich kann Gott nicht genug für meine Berufung danken.* Am 24. Januar 2005, genau 51 Jahre nachdem sie nach Korea zurückgekommen war, stirbt Caritas Hopfenzitz hochbetagt im Kreis ihrer Mitschwestern in Daegu. Zur Beerdigung zwei Tage später kommen trotz gefährlicher Straßenverhältnisse aus Seoul die Schwestern und die Taubstummen und der inzwischen 85-jährige Kardinal Stephan Kim, um mitzutrauern und die Messe zu feiern.

Ich sehe aus meiner relativen Ferne zu und spüre, wie die Zuversicht in mir zunimmt, mich menschlich einzulassen, auf dem Acker zu arbeiten und meinen Dienst zu tun. Denn es ist immer möglich, dass die Früchte des Friedens wachsen. Und ich lasse das Wort des Nachrufs in mir klingen: *Liebe und Charme, die Sr. Caritas allen entgegenbrachte, sogar dem Wächter im Arbeitslager in Oksadok, mögen auch den Pförtner am Himmelstor erfreut haben.* – Ja, das ist gut möglich.

Nähe und Weite

Joana Calmon Villas-Bôas (1920–2005)

Bei der Vorbereitung einer internationalen Tagung von Benediktinerinnen in Rom, auf der sie, die Brasilianerin, über das
Gelübde der Armut, und ich, die Deutsche, über das Gelübde
des Gehorsams sprechen sollen, lernen wir uns kennen. Sie ist
damals 69, ich bin 35 Jahre alt. Wir sind uns sofort sympathisch.
Den Kontakt halten wir seither sporadisch am Leben. Bei meiner
ersten Reise nach Brasilien besuche ich sie in ihrem Kloster in
einem Armenviertel am Rand der Stadt Salvador do Bahia, in das
ich mich bald und kurzentschlossen verliebe.

Als wir im Gespräch Jahre nachholen, erzähle ich ihr von
meiner schweren Krankheits- und Krisenzeit in den Jahren da-
vor. Sie hört aufmerksam zu, dann fragt sie nur: *Und hast du
in dieser Zeit beten können?* Das ist typisch. So etwa war sie, die
Madre.

Die Familie von Joana Calmon Villas-Bôas zählt zur High
Society von Salvador. Ihr Großvater war Gouverneur des Bun-
desstaates Bahia. Die Familie war in Banken und in der Zucker-
industrie involviert und besaß Plantagen. Geboren wird Joana
1920 in Salvador do Bahia als Älteste von zwölf Geschwistern.
Die Kinder erhalten von den Eltern eine solide christliche und
intellektuelle Erziehung. Joana übernimmt das Ideal eines Lebens, das geprägt ist von der Liebe zum Evangelium, von Re-

spekt und der Gleichheit zwischen allen Völkern – und sie wird diese Werte ihr Leben lang bewahren.

Der frühe Tod ihres Vaters und eine lange Krankheit der Mutter lassen Joana die Erziehung der elf jüngeren Geschwister übernehmen. Statt schon mit 18 Jahren Nonne zu werden, schreibt sie sich, um die kranke Mutter besser pflegen zu können, 1947 zur Krankenpflegeausbildung an der Universität von Bahia ein, an der sie dann bis zum Klostereintritt auch als Dozentin arbeitet. In São Paulo und in Kanada besucht sie Fortbildungskurse zu ihrem Fachbereich. Daneben ist sie eine der Pioniergestalten der geistlichen Bewegung in ihrer Stadt. Sie zieht viele Mädchen und Frauen aus der Elite der Stadt an, die sich ihr anschließen.

Im Todesjahr ihrer Mutter, 1949, wird Joana Oblatin in der Benediktiner-Erzabtei São Bento in Bahia. Aktiv engagiert sie sich in der Liturgischen Bewegung, die Reformen des Zweiten Vatikanischen Konzils vorwegnimmt. Im Alter von 37 Jahren folgt sie 1957 der lang gehegten Berufung und tritt in die Abtei der Benediktinerinnen in Belo Horizonte ein. Dort legt sie 1962, am Fest der Verklärung des Herrn, die Feierliche Profess ab. In der Gemeinschaft ihres Klosters wird sie bald die rechte Hand ihrer Äbtissin Mutter Luzia Ribeiro de Oliveira, der sie auch eine treue Krankenschwester und Freundin ist. Bis sie zur Gründung eines Klosters nach Salvador do Bahia geschickt wird, übernimmt Joana zugleich verschiedene Aufgaben in der Gemeinschaft und der Noviziatsleitung. Mit Hingabe engagiert sie sich in der Begleitung von Menschen, die das Kloster aufsuchen. Auf nationaler und internationaler Ebene begleitet sie die Äbtissin M. Luzia in deren Missionsaufgaben.

1977 wird das Mosteiro do Salvador gegründet und M. Joana dort die erste Priorin. Salvador ist eine Millionenstadt, Hochburg der Musik der Schwarzen und mancher esoterischer und spiritistischer Afrokulte. Am Rand von Salvador liegt Coutos, ein riesiges Armengebiet mit heute etwa 90 000 Bewohnern, und darin das neue, anziehende und faszinierende Benediktinerinnenkloster.

Mit einer großen Vision und prophetischer Weisheit leitet M. Joana die Gründungsgruppe. Die Schwestern wollen hier eine Antwort auf den Ruf der Kirche nach einer Option für die Armen geben. Das Heilsgeheimnis der Verklärung des Herrn, bei dem Gott als himmlischer Vater vor den Jüngern Jesus als seinen geliebten Sohn bezeugt (vgl. Mk 9,1–9), wird nun und in diesem Umfeld der Armut für den ganzen Konvent ganz neu konkret.

M. Joana ist sensibel für die Realität ihrer Umgebung. Bald ruft sie eine Gruppe von Laien ins Leben, aus der inzwischen der Verein *São Francisco de Assisi* geworden ist und der heute für die ganze, umfangreiche Sozialarbeit des Klosters zuständig ist. Sie besitzt eine tiefe Liebe zum Wort Gottes, zum Stundengebet und die Gabe der Kontemplation. Sie trägt in ihrem Herzen eine lebendige Gotteserfahrung, zu der im je eigenen Herzen zu finden sie den Menschen durch Exerzitien und geistliche Begleitung hilft. Dabei ist sie ganz sensibel für menschliche Probleme. Besonders betroffen von der Problematik der Arbeitslosigkeit, wird sie nie müde, sich um Arbeit für diejenigen, die an die Klostertür klopfen, zu bemühen. Ihre Ausbildung als Krankenschwester befähigt M. Joana, auch viele Menschen mit psychischen Problemen auf ihrem Weg zu begleiten, um mit ihnen einen Weg des Friedens zu finden. Und ihre Herkunft ermöglicht es, Verbindungen zu aktivieren, wenn es um Projekte wie Landbesitz, Strom und Straßen in ihrem Armenviertel geht. Sie sieht sich und ihre Schwestern ganz bewusst als Nachbarinnen der Menschen in Coutos. Sie, die so viel Weltweite und Glaubensweite in ihrem Leben ausstrahlt, lebt deutlich als familiärer Mensch. Sie bleibt einerseits ihrer Ursprungsfamilie ein Leben lang mit warmem Interesse verbunden und schafft andererseits überall dort, wo immer sie lebt, etwas wie Nähe und eine Familie. Ein immer wacher, frischer Geist lässt sie der Jugend spontan nahekommen.

Was Joana lebt, hat immer eine innere und eine äußere Dimension, sei es in ihrer Stadt oder in den verschiedenen kirchlichen Ausschüssen, in denen sie sich national wie international engagiert. Sie hält viele Vorträge und ist als Beraterin sehr gefragt. Von sympathischer und ausstrahlender Wesensart, besitzt M. Joana wunderbare Gaben: Intelligenz, Kultur, Glauben und die tiefe Überzeugung christlicher und monastischer Werte, die wie ein Stern sind, der sie immer führt. Wo M. Joana lebt, dort ist der Himmel offen und die Erde kostbar. Mit der außerordentlichen Gabe, gottverbunden das Leben in ihrem Umkreis sensibel zu wecken, ist sie für viele Menschen aller Schichten ein Geschenk und eine Mutter.

Die Leitung der Gemeinschaft gibt M. Joana 1995 ab. – In den letzten drei Lebensjahren wird ihr so zeichenhaftes, gütiges, hoffnungsstarkes Leben von zunehmender Krankheit gezeichnet. Ende des Jahre 2005 ist sie aus dem Armenviertel ihrer Stadt zum Hause des himmlischen Vaters gegangen. Wie sie oft sagte: »*In domo Dei ibimus.*« – »*Zum Haus Gottes wollen wir gehen.*« (Psalm 122,1) Sie hinterlässt ein wunderbares Kloster, sehr einfach, von klarer Schönheit, eine überzeugende Übersetzung der alten monastischen Konzepte vom Bauen und von der Zuordnung der Dinge. Sie hinterlässt in einem von Vitalität, Armut und Gewalt gekennzeichneten Milieu zahllose Spuren von Güte und Frieden und eine Lücke, die die Erde zum Himmel offen hält.

Im Klostergarten in Coutos haben die Schwestern alle möglichen Obstbäume gepflanzt: Mangos, Mamau, Bananen, Keschua und anderes mehr. Das Ganze ist weder übertrieben geordnet noch chaotisch – eben einfach schön. Die »Fülle und das Nichts«, ein wichtiges Thema spiritueller Tradition nicht allein im Christentum, wird da am Rand von Salvador do Bahia in ganz anderen Variationen, Kadenzen und Rhythmen gespielt, als sie mir bislang vertraut waren. Ich lerne sie langsam und lerne sie gern. Die Bäume haben ihre Wurzeln und nehmen ihre Kraft aus der Erde. Für ein Kloster und die Schwestern darin reicht das nicht. Sie brauchen dazu noch den Himmel und wagen ihn ganz erdverbunden am Rand der Stadt. Dabei ahnen sie selbst wohl kaum, wie viel Licht und Schönheit auf dem liegt, was sie im Geiste von Joana Calmon Villas-Bôas versuchen.

Anmerkungen

1 Gregor der Große, Der hl. Benedikt. Buch II der Dialoge (latein./dt.). Hg. i. A. der Salzburger Äbtekonferenz. St. Ottilien 1995, S. 188–193.

2 Johanna Domek, Mit Benedikt durch das Jahr. Benediktinische Impulse. Münsterschwarzach 2006, S. 193–202.

3 Corona Bamberg, Unter der Führung des Evangeliums. Dem Gedächtnis Sankt Benedikts. Würzburg 1980, S. 131.

4 St. Gertrud von Nivelles, Patronin der Katzen. Moderne Ikone von Angela Heuser, Schloss Hofberg. Nr. 226, Slavisches Institut München.

5 Theodor Schnitzler, Die Heiligen im Jahr des Herrn. Freiburg 1978, S. 116 f.

6 Atheistische Umwelt als günstige Voraussetzung für unsere eigene Bekehrung. In: Madeleine Delbrêl, Wir Nachbarn der Kommunisten. Diagnosen. Einführung von Jacques Loew. Einsiedeln 1975, S. 261–274.

7 Ein Nachdruck erschien 1975 in Hildesheim/New York, ein weiterer 1996 in Hildesheim. Beide sind vergriffen. Aber 2005 erschien es in Berlin als CD-ROM, als Band 6 der Digitalen Bibliothek. www.heiligenlexikon.de/Stadler/Stadler_Heiligen-Lexikon.html (14.10.2008).

8 Ebenda.

9 Heilige Walburga, Leben und Wirken. Hg. 1979 von der Abtei St. Walburga in Eichstätt. Texte von M. A. Brigitta zu Münster OSB und Prof. Dr. Andreas Bauch. 2. Auflage 1985. S. 6–7 und S. 14–15.

10 Ebenda, S. 6.

11 Ebenda, S. 6.

12 Ebenda, S. 5.

13 Ebenda, S. 5.

14 Ebenda, S. 66.

15 St. Lioba. 1927–2002. Die Föderation der Benediktinerinnen von der hl. Lioba. Festschrift zum 75-jährigen Jubiläum von St. Lioba. Freiburg 2002, S. 29.

16 Rudolfs von Fulda Leben der heiligen Lioba. Nach den Ausgaben der Monumenta Germaniae übersetzt von Wilhelm Arndt. Leipzig 1888, S. 55–72.

17 Corona Bamberg, Unter der Führung des Evangeliums. Würzburg 1980, S. 147.

18 Hieronyma Hieber OSB, Unsere Patronin, die heilige Lioba. In: St. Lioba. 1927–2002. Die Föderation der Benediktinerinnen von der hl. Lioba. Dokumentation. Freiburg 2002, S. 26.

19 Zitat nach: Rudolfs von Fulda Leben der heiligen Lioba. Nach den Ausgaben der Monumenta Germaniae übersetzt von Wilhelm Arndt. Leipzig 1888, S. 55–72.

20 Katrin Ahmerkamp, Sie war eine Powerfrau. Generalanzeiger, 29.5.2008.

21 So auf dem Buchrücken des Werkes von Barbara Beuys, Denn ich bin krank vor Liebe. Das Leben der Hildegard von Bingen. München 2003.

22 Zitiert nach: Philippa Rath OSB, Himmlisches mit Irdischem verbinden. www.abtei-st-hildegard.de/werk/himmlisch.php (9.4.2009).

23 Philippa Rath OSB, Himmlisches mit Irdischem verbinden. www.abtei-st-hildegard.de/werk/himmlisch.php (8.2.2009).

24 Maura Zátonyi OSB, Gotteskräfte. Über die Tugenden bei Hildegard von Bingen. In »Erbe und Auftrag« 3/2008, S. 246–262.

25 Ebenda, S. 248.

26 Vgl. ebenda, S. 248.

27 Ebenda, S. 259; aus: Sci Vias III.8.25.

28 Vgl. ebenda, S. 260.

29 Pia Luislampe, Zum Gertrud-von-Helfta-Jahr 2006. 750. Geburtstag der Heiligen – Teil 1. In: Monastische Informationen 06/06. www.kloster-alexanderdorf.de/MI/Texte/referat/06/06_4.htm (23.4.2009).

30 S. B. Spitzlei, Erfahrungsraum Herz. Stuttgart-Bad Cannstatt 1991, besonders das Kapitel: Gründungsgeschichte und Genese des Klosters Helfta.

31 G. Krabbel, Die hl. Gertrud die Große. Berlin 1953, S. 5.

32 Andreas Hölscher/Anja Middelbeck-Varwick, Frömmigkeit. Berlin 2004, darin: Michael Bangert, Raum und Körper. Ausdrucksformen mystischer Frömmigkeit bei Gertrud von Helfta, S. 63–85.

33 Mechtild von Hackeborn, Das Buch vom strömenden Lob. Auswahl, Übersetzung und Einführung von Hans Urs von Balthasar. Einsiedeln 1955, S. 15.

34 Ebenda, S. 71–72. Abdruck erfolgt mit freundl. Genehmigung des Verlags.

35 Josef Hochenauer, Gertrud-Kapelle in Kloster St. Marien zu Helfta. Kapelle der Anbetung. Lindenberg 2008, S. 41–45.

36 Corona Bamberg, Unter der Führung des Evangeliums. Würzburg 1980, S. 163.

37 Pia Luislampe, Zum Gertrud-von-Helfta-Jahr 2006. Monastische Informationen Nr. 128, 04/2006 und Nr. 129, 01/2007.

38 Corona Bamberg, a.a.O., S. 164.

39 Corona Bamberg, a.a.O., S. 167 f.

40 Corona Bamberg, In deiner Größe bin ich groß. Vom Sinn-Geheimnis des Menschen. Würzburg 1980.

41 Theodor Schnitzler, Die Heiligen im Jahr des Herrn. Freiburg 1978, S. 403.

42 Aus dem Gertrudbuch VI.56; entnommen aus: Josef Hochenauer, Gertrud-Kapelle in Kloster St. Marien zu Helfta. Kapelle der Anbetung. Lindenberg 2008, S. 44.

43 Benediktinerinnen-Abtei St. Gallenberg in Glattburg bei Oberbüren. Hg. von Markus Kaiser. St. Gallen 2004, S. 99.

44 Zitate und Fakten zu diesem Kapitel sind entnommen aus: Mechtild von Magdeburg, Das fließende Licht der Gottheit. Eingeführt von Margot Schmidt mit einer Studie von Hans Urs von Balthasar. Einsiedeln/Zürich/Köln 1955. Zusätzlich auch: Mechtild von Magdeburg, Von Minne und Liebe. Eingeleitet und ausgewählt von Waltraud Herbstrith. Schriftenreihe zur Meditation, Bergen-Enkheim, ohne Jahr.

45 Ebenda, S. 19.

46 Ebenda, S. 18.

47 Irmgard Schmidt-Sommer, Salome von Pflaumern (1591/2–1654). Zum 350. Todestag der ersten gewählten Priorin des Benediktinerinnenklosters St. Maria in Fulda. In: Fuldaer Geschichtsblätter 80 (2004), S. 67–100, S. 68.

48 Theodor Walter Elbertzhagen, Der Ratsherr Pflummern. Historischer Roman mit einem Nachwort von Guntram Brunner. Überlingen 1989.

49 Irmgard Schmidt-Sommer, a.a.O., S. 69.

50 Ebenda, S. 75 f.

51 Ebenda, S. 84.

52 Vgl. ebenda, S. 94.

53 Vgl. ebenda, S. 94.

54 Vgl. Veronica Krienen, Catherine de Bar – Leben und Spiritualität. In: Wegspuren. Hg. von den Benediktinerinnen vom Heiligsten Sakrament in Köln 1990, S. 56.

55 Ebenda. S. 56.

56 Leonardo Boff, Ave Maria. Das Weibliche und der Heilige Geist. Düsseldorf 1982, S. 25; entnommen aus: Recherchen I – In Deutsch veröffentlichte Artikel über Catherine de Bar und die monastische Tradition der Benediktinerinnen vom Heiligsten Sakrament. Köln 1995, S. 82.

57 Vgl. Recherchen V, Geistliche Briefe an Ordensfrauen. Benediktinerinnen Köln 1997, S 4–13.

58 Ebenda, S. 100.

59 Ebenda, S. 88.

60 Vgl. Martina Beele OSB, M. Josephine von Fürstenberg-Stammheim. Eine Benediktinerin des 19. Jahrhunderts. In: Wegspuren. Ein hundertjährige

Geschichte 1890–1990. Hg. von den Benediktinerinnen vom Heiligsten Sakrament in Köln. Köln 1990, S. 59–64, und: Joseph Mathes, Tugendsterne Deutschlands seit der Glaubensspaltung. Ein Beitrag zur Germania Sacra. Regensburg 1902, S. 256–259.

61 Moritz Jäger, Schwester Gertrud Leupi (1825–1904). Gründerin der drei Benediktinerinnenklöster Maria-Rickenbach, Yankton, Marienburg. Freiburg/Schweiz 1974.

62 Vgl. Eoliba Greinemann, Entstehung und Spiritualität unserer benediktinisch-apostolischen Lebensgemeinschaft. In: St. Lioba 1927–2002. Die Föderation der Benediktinerinnen von der hl. Lioba. Dokumentation. Freiburg 2002, S. 27.

63 Lászlo Strauß-Németh, Sr. Hildegardis Wulff (1896–1961). In: St. Lioba 1927–2002. Die Föderation der Benediktinerinnen von der hl. Lioba. Dokumentation. Freiburg 2002, S. 157.

64 Ebenda, S. 159.

65 Ebenda, S. 160.

66 Ebenda, S. 161.

67 Sr. Katharina Klara Schridde CCR, Zweckfreies Sein vor Gott. Skizzen zum Leben von Christel Felizitas Schmid. Hg. von der Communität Casteller Ring. Münsterschwarzach 2003.

68 Ebenda, S. 3.

69 Ebenda, S. 13.

70 Ebenda, S. 24.

71 Ebenda, S. 27.

72 Ebenda, S. 30.

73 1999 ist für die Communität nach einem fast zweijährigen Prozess ein neues »Leitbild« formuliert worden. Vieles hat sich verändert – die wesentlichen Grundlinien aber sind unverändert dieselben. Zweckfreies Sein vor Gott, a.a.O., S. 37.

74 Kommunität Venio OSB, Stimmen der Freunde. Eine Gedenkschrift für Mutter Agnes Johannes OSB von Freunden zusammengetragen, durch Stimmen aus dem Haus ergänzt. Hg. von Agape Gensbaur.

75 Ebenda, S. 8.

76 Agape Gensbaur, Zur Entstehungsgeschichte der Kommunität. In: Venio. Eine Möglichkeit benediktinischen Lebens heute. München 1999, S. 57.

77 Kommunität Venio, Stimmen der Freunde, a.a.O., S. 271.

78 Ebenda, S. 275.

79 Ebenda, S. 250.

80 Ebenda, S. 252 f.

81 Ebenda, S. 248.
82 Dieser Brief, alle weiteren Angaben zur Person Helen Lombards sowie die im Text enthaltenen Zitate sind einem Buch entnommen, in dem die Sisters of the Good Samaritan of the Order of St. Benedict nach ihrem Tod Texte von ihr, Briefe und Ansprachen, die Begräbnisliturgie und die Ansprache Michael Caseys zusammenfassten. Syndey/Australien, ohne Erscheinungsjahr und Seitenzahlen.
83 II. Vatikanisches Konzil, Pastoralkonstitution *Die Kirche in der Welt von heute. Nr. 1.*
84 www.osb-tutzing.it/de/Sr._Caritas_Hopfenzitz.pdf (5.5.2009).